Timo Mistler
Der Schlüssel zum perfekten Gedächtnis
Mit dem ProtoMistler-System mühelos Informationen speichern lernen

Ausführliche Informationen zu jedem unserer lieferbaren
und geplanten Bücher finden Sie im Internet unter
www.junfermann.de – mit ausführlichem Infotainment-Angebot
zum JUNFERMANN-Programm ... mit
Newsletter und Original-Seiten-Blick ...

Besuchen Sie auch unsere
e-Publishing-Plattform **www.active-books.de**
– mittlerweile weit über 200 Titel im Angebot,
mit zahlreichen kostenlosen e-Books zum Kennenlernen
dieser innovativen Publikationsmöglichkeit.
Übrigens: Unsere e-Books können Sie leicht
auf Ihre Festplatte herunterladen!

Eine Auswahl von e-books
bei www.active-books.de

Thomas Rückerl: „Trainieren Sie Ihre Sinnliche Intelligenz" (kostenlos)
Vera F. Birkenbihl: „Sprache als Instrument des Denkens" (€ 6,00)
Marco von Münchhausen: „Von sauren Zitronen und süßer Erkenntnis" (€ 3,00)
Roland Betz: „Menschen motivieren: Die 18 wichtigen Erfolgsgesetze" (€ 2,00)

Timo Mistler

Der Schlüssel zum perfekten Gedächtnis

Mit dem ProtoMistler-System mühelos Informationen speichern lernen

Junfermann Verlag · Paderborn
2003

© Junfermannsche Verlagsbuchhandlung, Paderborn 2003
Covergestaltung: Heike Carstensen

Satz: JUNFERMANN Druck & Service, Paderborn

Bibliographische Information der Deutschen Bibliothek
Die Deutsche Bibliothek verzeichnet diese Publikation in der Deutschen Nationalbibliografie; detaillierte bibliografische Daten sind im Internet über http://dnb.ddb.de abrufbar.

ISBN 3-87387-529-2

Inhalt

Dieses Buch ist meiner Familie gewidmet

Vorwort –
Was Sie lernen werden

Am 13.10.2001 war in der Sendung „Wetten dass?" ein Mann zu sehen, der sich die Figuraufstellung von fünf Schachspielen in nur vier Minuten merken konnte. Er wurde mit großem Abstand zum Wettchampion gewählt.

„So ein gutes Gedächtnis müsste man haben", haben Sie vielleicht gedacht, falls Sie die Sendung gesehen haben. Sie werden jetzt sicherlich überrascht sein, aber – Sie haben bereits solch ein außergewöhnliches Gedächtnis! Unmöglich? – Keineswegs! Die Gedächtniskünstler, die im Fernsehen auftreten, haben das gleiche Gehirn wie Sie. Allerdings wissen sie, wie sie es effektiver einsetzen können, sie verfügen über die nötigen Techniken.

Diese Techniken lassen sich genauso wie das Alphabet oder einfache Grundrechenarten erlernen. Ihnen solche Techniken beizubringen, ist das Ziel dieses Buches.

Doch Sie werden nicht nur lernen, sich die Reihenfolge eines Stapels mit 52 durcheinander gemischten Karten in Minutenschnelle einzuprägen, sondern auch Methoden, die Sie gezielt im täglichen Leben und in Ihrem Beruf einsetzen können: Einkaufszettel, Taschenkalender, Adressbücher, Telefonverzeichnisse, Kundenkarteien, Notizbücher und dergleichen werden für Sie der Vergangenheit angehören. Sie werden bei Präsentationen und Prüfungen besser vorbereitet sein, aus Konferenzen höheren Nutzen ziehen, Sprachen leichter erlernen und Informationen jeglicher Art besser behalten können.

Kennen Sie die peinliche Situation, bei einem Geschäftstreffen oder auf einer Party jemanden zu treffen, an dessen Namen Sie sich nicht mehr erinnern können? Nachdem Sie dieses Buch gelesen haben, wird Ihnen das so schnell nicht mehr passieren.

Wenn Sie einen Blick auf das Inhaltsverzeichnis und die Zusammenfassung werfen, erhalten Sie einen Überblick darüber, was Sie sich in Zukunft mühelos merken können. Natürlich gibt es noch zahlreiche weitere Einsatzmöglichkeiten. Ihrer Phantasie sind keine Grenzen gesetzt. Sie können die hier beschriebenen Techniken in praktisch jedem Lebensbereich anwenden.

Es wird auf die geschichtlichen und biologischen Hintergründe zu Merktechniken (auch Mnemotechniken genannt) bewusst verzichtet; hierüber gibt es andere Werke.

Dieses Buch wurde so praxisnah wie möglich gestaltet: fertige, zielgerichtete, einfach zu erlernende Methoden, die aber flexibel genug sind, damit Sie sie an Ihre Bedürfnisse anpassen können.

Die gezeigten Techniken sind kein Schabernack oder leere Versprechungen. Sie funktionieren. Hundertprozentig. Wenn Sie wieder einmal jemanden in einer Fernsehsendung sehen, der sich Kartenstapel, lange Zahlen oder Schachfigurkombinationen einprägt, werden Sie stolz sagen können: „Das kann ich auch!".

Doch neben einem guten Gedächtnis werden Sie Ihre Vorstellungskraft, Ihren IQ und so gut wie jeden Bereich Ihres Gehirns verbessert haben. Ob Geschäftsmann, Hausfrau, Student, Schüler oder Rentner – jeder kann diese Techniken und Systeme gebrauchen.

Neugierig geworden? – Dann lassen Sie uns doch gleich loslegen!

Grundlagen

Erkennen Sie einige der aufgeführten Fallbeispiele wieder?

Fall 1: Sie haben einen Geschäftstermin in einer anderen Stadt und wissen, dass Sie aufgrund eines Staus zu spät kommen werden. Leider haben Sie die Nummer Ihres Kontakts nicht im Adressbuch Ihres Handys gespeichert. Sie haben die Telefonnummer zwar gestern vom Büro aus manuell gewählt, aber Sie können sich natürlich nicht mehr daran erinnern. Sie müssen also entweder bei Ihrer Firma nachfragen oder bei der Auskunft anrufen.

Fall 2: Sie lernen auf einer Party eine interessante Person kennen, die viele Ihrer Interessen teilt, und Sie möchten gerne ihre Telefonnummer aufschreiben. Ohne Notizzettel und Kugelschreiber sind Sie aufgeschmissen. Sich die Nummer merken? – Völlig unmöglich! Also fragen Sie andere anwesende Personen, ob sie denn zufällig einen Notizblock und etwas zum Schreiben dabei haben.

Fall 3: Sie haben schon wieder Ihren Hochzeitstag verschwitzt, weil Sie Ihren Kalender verlegt haben.

Fall 4: Als Schüler mussten Sie sich im Fach Geschichte viele Jahreszahlen von wichtigen Ereignissen merken, die Sie aber kurze Zeit später wieder vergaßen.

Situationen dieser oder ähnlicher Art kennt sicherlich jeder. Das menschliche Gedächtnis scheint etwas zu sein, auf das man sich einfach nicht verlassen kann. Wirklich? Dann schauen Sie sich einmal die folgenden Fälle an.

Fall 5: Sie haben sich gestern im Kino einen neuen Film angeschaut, von dem Sie begeistert waren, und können ihn Ihren Freunden in vielen Einzelheiten sinngemäß nacherzählen oder Dialoge von bestimmten Szenen wiederholen.

Fall 6: Als Kind bekamen Sie ein Märchen erzählt, an das Sie sich heute noch erinnern können.

Fall 7: Sind Sie am Wochenende ausgegangen? Wissen Sie noch, wie es an dem Ort aussah, an dem Sie sich aufhielten? Sehr wahrscheinlich wissen Sie sogar noch, wie bestimmte Personen angezogen waren, und können sich bildhaft an bestimmte Situationen und Gespräche erinnern.

Fall 8: Im Sommer machten Sie Urlaub auf Kreta. Sie können sich noch genau daran erinnern, wie der Strand aussah, können den Sand unter Ihren Füßen in Gedanken förmlich spüren, das Meer scheinbar riechen.

Wie kommt es, dass Ihr Gedächtnis in den Fällen 5 bis 8 tadellos funktionierte, obwohl dort mehr Informationen zu behalten waren? Vielleicht kennen Sie einige Antworten selbst. Grundsätzlich lässt sich Folgendes über das menschliche Gedächtnis sagen:

→ Positive Dinge und Erlebnisse (z.B. Urlaubserinnerungen) lassen sich einfacher merken als negative (z. B. das Pauken von Geschichtsdaten).

→ Zusammenhängende Geschichten (s. Kinofilm) und Dinge mit einer Bedeutung kann man besser behalten als abstrakte Informationen (z.B. Telefonnummern).

→ Außergewöhnliche oder gar spektakuläre Dinge und Situationen bleiben im Gehirn besser haften als gewöhnliche.

→ An Bilder bzw. bildhafte Erinnerungen kann man sich einfacher erinnern als an Daten.

Und hier liegt der wichtigste Ansatzpunkt: Das Gedächtnis arbeitet mit Bildern besser. Da Sie für das Merken einer Zahl kein Bild zur Verfügung haben, greifen Sie üblicherweise auf eine altbewährte, jedoch mühevolle Methode zurück: Wiederholen! Sie hämmern sich die Zahl so lange ein, bis sie einfach „sitzt". Bei einer Vielzahl an zu merkenden Informationen ist der Aufwand dann natürlich erheblich. Wenn man aber Zahlen oder Informationen jeglicher Art in Bilder oder kleine Geschichten umwandeln könnte, wäre es möglich, sie mühelos zu merken und abzurufen. Wie Sie bestimmt schon vermutet haben, liegt hierin der „Trick". Aber eigentlich ist es kein Trick, sondern vielmehr eine Technik des Gehirns, sich Dinge effektiv einzuprägen, die bereits von den alten Griechen erfolgreich angewandt wurde. Und auch die Gedächtniskünstler der heutigen Zeit tun nichts anderes, als in Bildern und Geschichten zu denken. Aber keine Angst – das ist viel einfacher, als Sie vielleicht glauben.

Im Folgenden stelle ich Ihnen deshalb ein System vor, das fast immer zur Einführung in die Welt der Merktechniken (Mnemotechniken) benutzt wird.

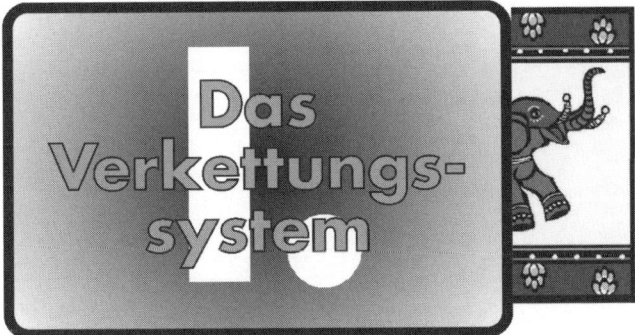

Das Verkettungs-system

Das Verkettungssystem

Gedächtnistest – Ihr momentaner Stand

Am Anfang sollten Sie diesen kleinen Test machen, damit Sie später sehen, welche Fortschritte Sie nach dem Erlernen dieser Technik gemacht haben. Los geht's!

Test – Die Einkaufsliste

Es ist Zeit einkaufen zu gehen. Sie möchten sich diesmal allein auf Ihr Gedächtnis verlassen und keinen Einkaufszettel mitnehmen. Lesen Sie sich die folgende Liste nur **einmal** durch, und versuchen Sie sich dabei so viele Artikel wie möglich zu merken:

Tomaten
Waschmittel
Brezeln
Orangen
Zahnpasta
Joghurt
Tiefkühlpizza
Schlagsahne
Äpfel
Eine Kiste Mineralwasser
Seife
Eine Packung Cornflakes

Legen Sie nun das Buch beiseite, und beschäftigen Sie sich mindestens 10 Minuten lang mit etwas völlig anderem. Tragen Sie dann unten die Artikel ein, an die Sie sich noch erinnern können.

_____

_____

_____

_____

_____

_____

_____

_____

_____

_____

_____

Vergleichen Sie nun Ihre Liste mit der Einkaufsliste, und notieren Sie neben jedem richtigen Eintrag einen Punkt. Zählen Sie anschließend Ihre Gesamtpunktzahl zusammen.

Dies ist zwar nur eine kleine Einkaufsliste, aber wahrscheinlich konnten Sie sich nicht an alle Artikel erinnern. Zwischen den Artikeln besteht kein Zusammenhang, d.h. Sie haben sich jeden Gegenstand für sich gemerkt und höchstwahrscheinlich nur _als Wort_. Bei der Verkettungstechnik werden die zu merkenden Informationen zu einem Teil einer Geschichte gemacht und dabei _als Bild_ memoriert, d.h. eingeprägt. Dabei sollte man darauf achten, dass diese Geschichte so spektakulär und auffällig wie möglich wird. Setzen Sie Humor ein, übertreiben Sie maßlos, bringen Sie Bewegung ins Spiel und vor allem: Integrieren Sie Ihre Sinne, insbesondere den visuellen! Stellen Sie sich die Geschichte vor Ihrem geistigen Auge genau vor.

Am besten demonstriere ich dies am obigen Beispiel. Hier noch einmal kurz die zu merkenden Gegenstände: Tomaten, Waschmittel, Brezeln, Orangen, Zahnpasta, Joghurt, Tiefkühlpizza, Schlagsahne, Äpfel, Kiste Mineralwasser, Seife, Packung Cornflakes.

Fangen wir mit unserer Geschichte an (es ist wichtig, dass Sie die nachfolgende Geschichte vor Ihrem geistigen Auge visualisieren, d.h. Sie müssen sie förmlich _sehen_). Stellen Sie sich Folgendes vor: Sie möchten Ihr Haus verlassen, um Einkaufen zu gehen und suchen Ihren Autoschlüssel. Er steckt in einer großen, saftigen, roten **Tomate** auf dem Wohnzimmertisch. Sie ziehen ihn dort heraus und öffnen die Tür zum Eingangsraum. Als Sie die Tür öffnen, rieselt eine Unmenge weißen **Waschpulvers** auf Ihren Kopf herunter. Stellen Sie sich den Geruch des Pulvers und das Geräusch, das es beim Herunterrieseln macht, genau vor. Sie gehen zur Garderobe, um Ihren Mantel zu holen, der mit einer **Brezel** am Garderobenhaken befestigt ist. Sie ziehen den Mantel an und stellen fest, dass er unglaublich schwer ist. Er zieht Sie förmlich zu Boden. Sie schauen in den Manteltaschen nach, die mit unzähligen **Orangen** gefüllt sind. Endlich gelangen Sie zur Haustür. Sie greifen an die Türklinke, die aber total klebrig ist. Sie schauen sich Ihre Hände an, die voll mit blau leuchtender **Zahnpasta** sind. Jetzt müssen Sie sich natürlich Ihre Hände waschen. Sie gehen in das Badezimmer zum Waschbecken, drücken auf den Seifenspender, aber an Stelle von Seife kommt eine gigantische Fontäne roten **Joghurts** heraus, die Ihnen direkt in den offenen Mund spritzt. Können Sie den Joghurt schmecken? Schließlich verlassen Sie Ihr Haus, doch das Erste, was passiert, ist, dass der freche Nachbarjunge Ihnen eine große **Pizza** mitten ins Gesicht wirft! Sie wollen ihm nachrennen, doch Sie stellen fest, dass es Ihre Lieblingssorte ist, und Sie genehmigen sich ein Stück.

Sie schauen sich um: Es ist gerade Winter, doch anstelle von Schnee ist die Straße weiß von **Schlagsahne**. Und zwar hüfthoch! Sie kämpfen sich Ihren Weg durch die Schlagsahne hin zu Ihrem Auto. Ob der Nachbarjunge hier seinen nächsten Streich gespielt hat? – Tatsächlich! Im Auspuff steckt ein grüner, saftiger **Apfel**. Können Sie hören, wie Sie ihn mit einem lauten Plopp aus dem Auspuff ziehen? Plötzlich wird der Apfel in Ihrer Hand immer größer, er bläst sich zu einem riesigen Ballon auf, und bevor Sie etwas dagegen tun können, heben Sie vom Boden ab und fangen an zu schweben. Sie fliegen immer höher, aber Sie müssen wieder auf den Boden zurück. Es müssen Gewichte her! Und da sehen Sie Ihre Rettung direkt auf Ihrem Hausdach. Dort steht nämlich eine Kiste **Mineralwasser**. Sie bekommen sie gerade noch zu fassen, und das Gewicht zieht Sie wieder nach unten. Als Sie am Boden landen, geraten Sie mit einem Fuß direkt auf ein Stück **Seife**, und Sie können nicht mehr verhindern, dass Sie ausrutschen. Mit einem lauten Krachen landen Sie mit Ihrem Hintern in einem großen Haufen **Cornflakes**.

Vielleicht halten Sie dies für lächerlich, doch bedenken Sie, dass alle Gedächtniskünstler im Prinzip nichts anderes machen. Sie verwenden lediglich abgewandelte Systeme.

Natürlich können Sie die Geschichte beliebig verändern. So könnten Sie auch etwas Sexualität ins Spiel bringen. Beispielsweise könnte Ihnen eine schöne Frau bzw. ein schöner Mann die Pizza bringen. Ihrer Phantasie sind keine Grenzen gesetzt. Die Hauptsache ist, dass Sie alles so lebhaft wie möglich gestalten und dass Sie die Gegenstände und Ihre Umgebung vor Ihrem geistigen Auge sehen – je detailreicher desto besser.

Beachten Sie auch, dass die Geschichte nicht gewöhnlich oder gar langweilig sein darf. Die wichtigsten Mittel zum erfolgreichen Merken von Informationen sind die Sinne (vor allem der Sehsinn), Humor, Übertreibung und Sexualität.

Die 4 Eckpfeiler erfolgreichen Memorierens

1. Die Sinne

Beziehen Sie bei Ihren Szenen und Geschichten vor allem den **optischen Sinn** mit ein, da er bei den meisten Menschen am besten ausgeprägt ist. Stellen Sie sich die Tomate genau vor. Sie ist rot, hat eine glatte, glänzende Oberfläche. Unregelmäßigkeiten in der Oberflächenstruktur können auch hilfreich sein. Hier gilt: je realistischer und plastischer um so besser.

Geräusche, wie zum Beispiel das Rieseln des Waschpulvers oder das Knacken der Cornflakes, sind ebenfalls eine große Stütze beim Memorieren.

Auch **Gerüche** sind sehr dienlich. Am besten sind natürlich angenehme Gerüche, da das Gehirn unangenehme Erfahrungen leichter vergisst.

Bei vielen Menschen ist der **Tastsinn** zwar nicht so ausgeprägt (er lässt sich allerdings genauso wie alle anderen Sinne auch trainieren), aber er sollte keineswegs vernachlässigt werden. Wie fühlt sich die Orange an, wenn Sie sie in der Hand halten. Können Sie die etwas rauhe Oberfläche *fühlen*?

Zum Schluss bleibt der **Geschmackssinn**. Konnten Sie den Joghurt beim obigen Beispiel *schmecken*? Welche Sorte war es?

2. Humor

Lachen ist gesund, und Witze sind Streicheleinheiten für das Gehirn. Nutzen Sie diese Tatsache, und gestalten Sie Ihre Szenen so lustig wie möglich. Worüber können Sie lachen? Wenn jemand eine Torte (oder eine Pizza) ins Gesicht geworfen bekommt? Wenn jemand an einem Stück Seife ausrutscht und in Cornflakes fällt? Falls Ihnen diese Dinge im obigen Beispiel peinlich oder gar unangenehm sind, dann drehen Sie den Spieß einfach um: Als Sie aus der Haustür heraustreten, läuft der freche Nachbarjunge über die Straße. Zufällig kommt der Pizzaexpress vorbei und möchte eine Pizza abliefern. Sie schnappen sich die Pizza und werfen sie. Mit einem lauten Klatschen (können Sie das Geräusch hören?) landet sie mitten im Gesicht des Balges, das zuvor noch hämisch gegrinst hat.

Sehen Sie, was ich meine? Ob nun Sie, eine andere Person oder etwas ganz anderes: Humor ist wichtig (nicht nur beim Memorieren...).

3. Übertreibung

Natürlich ist die oben beschriebene Geschichte völlig unrealistisch. Aber gerade deshalb lässt sie sich gut merken. Wahrscheinlich gehörte der Apfel, der immer größer wird, zu den Dingen, die Sie sich am besten einprägen konnten. Woran das liegt? Wie Sie vielleicht erraten haben, an der maßlosen Übertreibung. Der Apfel bläht sich immer mehr auf und fängt an vom Boden abzuheben. Und Sie hängen auch noch daran! So lächerlich diese Vorstellung auch sein mag, sie war effektiv und hat somit ihren Zweck erfüllt.

Je übertriebener und unglaublicher Ihre Verknüpfungen und Geschichten sind, um so besser bleiben die Informationen (in diesem Fall Einkaufsartikel) im Gedächtnis haften. Sie werden staunen, welch wahnwitzige und haarsträubende Phantasien darauf warten, von Ihnen entdeckt zu werden. Auf diese Weise fördert das Merken von Dingen die Phantasie und somit auch die Kreativität. Außerdem macht es auch einfach Spaß!

4. Sexualität

Sexualität ist ein wichtiger Faktor im Leben der meisten. Nutzen Sie diesen Faktor, wenn Sie sich etwas merken wollen. Schämen Sie sich nicht, es bleibt ja in Ihrem Kopf, und dort kann niemand hinein schauen...

Behalten Sie beim Memorieren stets diese 4 Eckpfeiler im Hinterkopf. Falls Sie Schwierigkeiten haben, sich etwas vor Ihrem geistigen Auge vorzustellen, können Sie folgende Übungen ausprobieren:

→ Legen Sie öfter einmal eine kleine Pause zum Tagträumen ein.
→ Nehmen Sie einen Apfel in Ihre Hand, und studieren Sie ihn genau. Schließen Sie nun Ihre Augen, und versuchen Sie, ihn sich so detailgetreu wie möglich vorzustellen. Öffnen Sie dann Ihre Augen, und vergleichen Sie Ihr geistiges Bild mit der Realität. Schließen Sie Ihre Augen wieder, und korrigieren Sie die Abweichungen. Tun Sie dies so lang, bis das geistige Bild der Realität ziemlich entspricht.

(Die obige Übung hat bereits Leonardo da Vinci praktiziert. Verwenden Sie sie auch zum Schärfen der anderen Sinne.)

→ Schließen Sie Ihre Augen, und gehen Sie im Geiste durch Ihr Haus bzw. Ihre Wohnung.
→ Stellen Sie sich den schönsten Ort vor, den es für Sie gibt. Das Erfinden der Bilder mag Ihnen zwar anfangs noch etwas schwer fallen, da bei den meisten Menschen im Erwachsenenalter die Phantasie bedauerlicherweise vernachlässigt wird, aber wenn Sie die Techniken in diesem Buch anwenden, werden Sie irgendwann einmal nicht mehr bewusst darüber nachdenken müssen, sondern werden alle Informationen völlig **automatisch** in Bilder umwandeln.

Test – Wenden Sie das Gelernte an

Lesen Sie dieses Kapitel bis hierhin noch einmal durch.
Machen Sie nun einen neuen Test. Merken Sie sich die folgende Liste auswendig, und wenden Sie dabei die Prinzipien an, die Sie zuvor erlernt haben.

Schinken
Frischkäse
Milch
Plastikbecher
Kerze
Ketchup
Brot
Klopapier
Butter
Musikkassetten
Eine Packung Zucker
Kamillentee

Blättern Sie nun um, beschäftigen Sie sich ungefähr 10 Minuten lang mit etwas völlig anderem, und schreiben Sie die Gegenstände auf.

_____
_____
_____
_____
_____
_____
_____
_____
_____
_____
_____
_____

Vergleichen Sie Ihre Liste mit der vorherigen, und schreiben Sie Ihre Gesamtpunktzahl auf. Waren Sie besser? Wenn Sie die oben beschriebenen Prinzipien richtig angewandt haben, sollten Sie fast keine oder sogar gar keine Fehler gemacht haben. Zudem haben Sie sich die Liste in der richtigen Reihenfolge gemerkt!

Sie haben nun erfolgreich Ihre erste Merktechnik erlernt und somit den ersten Schritt in die Welt des Memorierens getan.

Anwendungsbereiche

Diese Technik ist für kurzfristige Speicherungen von kleinen Listen oder für das schnelle Merken von Einfällen geeignet. Ich selbst verwende diese Technik manchmal, wenn mir gerade etwas einfällt, das ich mir schnell merken möchte und ich gerade mein Diktiergerät nicht zur Hand habe. Zudem bildet dieses System die Grundlage für andere Merktechniken und sollte aus diesem Grund beherrscht werden.

Die erweiterte Verkettungstechnik

Bei der Verkettungstechnik in Form einer Geschichte stößt man bald schon an Grenzen, denn wenn man sich noch mehr Gegenstände merken möchte, wird die Geschichte zu lang und unüberschaubar. Deshalb braucht man weitere Methoden, die diese Möglichkeit bieten. Zum Einen kann man die Verkettungstechnik etwas variieren. Sie können die Gegenstände auch memorieren, ohne eine zusammenhängende Geschichte zu erstellen. Es muss lediglich ein Gegenstand mit dem nächsten assoziiert werden; eine gemeinsame Hintergrundsituation (d.h. ein gemeinsamer Kontext) für alle zu merkenden Gegenstände ist nicht erforderlich. Ich werde Ihnen dies an den Gegenständen des ersten Beispiels erläutern.

Hier noch einmal kurz die Artikel, die Sie einkaufen möchten: Tomaten, Waschmittel, Brezeln, Orangen, Zahnpasta, Joghurt, Tiefkühlpizza, Schlagsahne, Äpfel, eine Kiste Mineralwasser, Seife, eine Packung Cornflakes.

Jetzt wird jeder Gegenstand mit dem jeweils nächsten Artikel verknüpft, ohne eine zusammenhängende Geschichte mit den nachfolgenden Artikeln zu bilden. Verwenden Sie auch hier wieder die 4 Eckpfeiler erfolgreichen Memorierens:

Stellen Sie sich vor, wie sie eine rote, saftige **Tomate** auf eine Packung **Waschmittel** werfen. Die Packung fällt um, und weißes Waschpulver rieselt auf den Boden.

Nun verknüpfen Sie das Waschmittel mit **Brezeln**. Sie können jetzt eine beliebige andere Situation erfinden, ohne auf die vorherige eingehen zu müssen. Auch die Tomaten müssen hier nicht vorkommen. Beispiel: Sie sind in der Bäckerei und gießen Waschpulver auf die Brezeln (Sie können sich sicherlich gut das entsetzte Gesicht des Bäckers vorstellen).

Nun folgt die Verknüpfung der Brezeln mit den **Orangen**. Sie sehen sich selbst, wie Sie eine Brezel entzwei brechen und ein Stück davon in eine fußballgroße Orange hinein rammen. Saft spritzt in einer großen Fontäne aus der Frucht. Können Sie den Saft schmecken?

Als Nächstes werden die Orangen mit der **Zahnpasta** verknüpft. Sie schälen eine Orange und breiten die Schnitzen auf einem Teller im Kreis aus. Sie verzieren die Orange mit Zahnpasta.

Auf die gleiche Weise werden auch alle anderen Artikel miteinander verbunden:

Sie möchten sich die Zähne putzen. Hierfür drücken Sie die Zahnpastatube auf der Zahnbürste aus, aber anstelle der gewohnten blauen Zahnpasta kommt ein großer Schuss **Joghurt** mit einem lauten, klatschenden Geräusch heraus.

Wieder eine neue Situation: Sie essen gerade einen Becher Joghurt, als plötzlich eine **Pizza** wie eine Frisbeescheibe angeflogen kommt und den Becher umwirft.

Sie schieben eine Tiefkühlpizza in Ihren Ofen. Kaum schalten Sie diesen an, gibt es ein lautes Explosionsgeräusch und **Schlagsahne** spritzt aus dem Ofen.

Sie wollen einen Kuchen mit Schlagsahne garnieren. Als die Sahne auf den Kuchen kommt, wachsen dort auf einmal **Äpfel** heraus. Sie werden immer größer, so groß wie eine Melone.

Sie werfen auf einem Jahrmarkt mit Äpfeln anstatt auf Büchsen auf grüne **Mineralwasserflaschen**, die mit einem lauten Klirren zusammenstürzen, als Sie sie treffen.

Versehentlich stellen Sie eine Kiste Mineralwasserflaschen auf einem Stück Seife ab, und die Kiste macht sich selbstständig, sie beginnt weg zu rutschen.

Sie möchten sich mit einem Stück Seife die Hände waschen. Beim Reiben des Seifenstücks fallen **Cornflakes** ab.

Diesem System sind so gut wie keine Grenzen bezüglich Länge gesetzt. Manchmal ist es allerdings wichtig, gezielt auf nummerierte Informationen zugreifen zu können. Hierfür gibt es u.a. die Systeme, die ich Ihnen nachfolgend vorstelle.

Zehner-systeme

Das Zahl-Symbol-System

Wie Sie sich sicherlich denken können, gilt auch für den erfolgreichen Einsatz von Mnemotechniken das Motto: ohne Fleiß kein Preis. Als Sie in der Schule schreiben lernten, mussten Sie zuerst 26 Buchstaben plus Umlaute (Ä, Ö, Ü) erlernen. Sie mussten sich die jeweilige Form, die Aussprache und die Reihenfolge merken.

Bevor Sie rechnen konnten, mussten Sie erst einmal die Zahlen von 0 bis 9 kennen lernen. Und um größere Informationsmengen im Gedächtnis speichern zu können, müssen Sie zuerst sogenannte Verknüpfungsstationen erlernen. Sie brauchen keine Bedenken zu haben – dies ist wesentlich einfacher als das Alphabet zu lernen.

Eine Verknüpfungsstation ist ein Gegenstand (oder eine Person), mit dem die zu merkende Einheit assoziiert wird. Die Verknüpfungsstationen bleiben konstant, d.h. das System kann beliebig oft verwendet werden. Es dient zum Speichern von Informationen. Ich demonstriere Ihnen dies am besten direkt am sogenannten Zahl-Symbol-System.

Dieses System ist nummeriert. Die Zahlen reichen von 1 bis 10.
Jede Zahl hat ein repräsentatives, symbolisches Bild, mit dem die zu merkende Informationseinheit verknüpft wird. Bei der 1 ist dies beispielsweise ein Einhorn, bei der 2 Zwillinge, bei der 3 ein Dreirad, bei der 4 ein Kleeblatt, usw.

Hieraus ergibt sich folgende Liste:

1. Einhorn
2. Zwillinge
3. Dreirad
4. Kleeblatt (vierblättrig)
5. Pentagon (fünf Ecken)
6. Würfel (da sechs Seiten)
7. Sieben Zwerge
8. Kraken (8 Arme)

9. Kegelbahn (wegen der neun Kegel)
10. „Zehn kleine Negerlein" (nach dem Lied)

Diese Bilder dienen als feststehende Verknüpfungsstationen, die sich nicht ändern.

Beispiel

Sie möchten sich eine Einkaufsliste einprägen, und der erste Artikel auf der Liste ist eine Wassermelone. Stellen Sie sich vor, wie ein Einhorn mit seinem Horn die Wassermelone aufspießt, aus der daraufhin roter Saft spritzt.

Als Zweites steht auf Ihrer Einkaufsliste, dass Sie ein Netz Orangen besorgen sollen. Sehen Sie vor Ihrem geistigen Auge, wie ein Zwillingspaar im Supermarkt sich mit Orangen bewirft. Achten Sie auf so viele Details wie möglich: Wie hört es sich an, wenn einer der Zwillinge von einer Orange getroffen wird?

Der nächste Einkaufsartikel wird mit der Verknüpfungsstation 3 (dem Dreirad) assoziiert.

Leider kann man sich mit dieser Liste nur 10 Merkeinheiten merken (ich verwende mit Absicht das Wort Merkeinheit, da dieser Begriff Gegenstände, Termine, Ideen, usw. umfasst. Es soll dadurch das Missverständnis vermieden werden, dass man sich nur Gegenstände merken könnte). Doch mit einem kleinen Trick, den ich Ihnen im Kapitel „Der Verdopplungstrick" zeige, können Sie die Anzahl der memorierbaren Einheiten verdoppeln.

Zunächst einmal müssen Sie sich mit diesem System vertraut machen. Es ist gut möglich, dass Ihnen einige Begriffe nicht zusagen. Sie könnten zum Beispiel für die 5 anstelle des Pentagons eine Hand (fünf Finger) als Merkstation verwenden oder bei der 4 einen Hund (vier Beine).

Lesen Sie sich die Liste zuerst einmal in Ruhe durch. Wenn Sie mit den Merkstationen zufrieden sind, können Sie den nächsten Schritt überspringen.

Falls Sie Änderungen vornehmen möchten, tragen Sie Ihre eigenen Merkstationen in der folgenden Liste mit Bleistift ein:

1. _____
2. _____
3. _____
4. _____
5. _____

6. _____

7. _____

8. _____

9. _____

10. _____

Nehmen Sie nun ein leeres Blatt Papier, decken Sie diese Liste ab, und schreiben Sie die Zahlen von 1 bis 10 auf. Schreiben Sie daneben die jeweiligen Merkstationen auf. Wenn Sie bei einigen Verknüpfungsstationen Schwierigkeiten haben, sie sich zu merken, ist es eventuell empfehlenswert, sich ein anderes Symbol auszusuchen, da Ihnen dieses vielleicht nicht zusagt.

Prägen Sie sich Ihre Merkliste gut ein. Jetzt ist es an der Zeit, das System praktisch auszuprobieren.

Übung

Merken Sie sich mit Hilfe des Zahl-Symbol-Systems diese kurze Einkaufsliste: Wassermelone, Tomaten, Butter, Brot, ein Glas Gurken, roher Schinken, Salami, eine Packung Grillwürste, Fernsehzeitschrift, eine Flasche Rotwein.

Decken Sie nun die Seite wieder ab, und schreiben Sie nach ungefähr 5 Minuten auf einem leeren Blatt **der Reihe nach** auf, welche zehn Artikel Sie einkaufen sollen.

Nachdem Sie die Artikel aufgeschrieben haben, decken Sie die von Ihnen geschriebene Einkaufsliste ab, und sagen Sie die Artikel laut auf und zwar **rückwärts von Position 10 bis 1**. Verblüffend, oder? Sie können die Liste genauso mühelos rückwärts aufsagen wie vorwärts. Doch das ist nicht alles: Sie können spontan sagen, was auf Position 5, 8, 4 usw. ist!

Sie können auf einzelne Informationseinheiten zugreifen wie bei einem Aktenschrank.

Solch eine Merkliste lässt sich beliebig oft einsetzen. Wenn Sie sie in kurzen Abständen mehrmals hintereinander verwenden, kann es allerdings zu Verwechslungen kommen. Aus diesem Grund sollten Sie über mehrere Merklisten verfügen. Diese werde ich Ihnen auch im Laufe dieses Buches vorstellen.

Zur Wiederverwendbarkeit von Merklisten lässt sich Folgendes sagen: Wenn Sie Informationen kurzzeitig speichern möchten, zum Beispiel nur für die Dauer eines Einkaufes, reicht es aus, wenn Sie die Liste nach ihrer Verwendung einfach eine Zeit lang nicht mehr benutzen (zwischen 1-2 Tage). Die Merkstationen können dann wieder für neue Informationen eingesetzt werden.

Wenn Sie Informationen langfristig speichern (z.B. historische Daten, Adressen, Telefonnummern, usw.), müssen Sie hingegen die Merkliste wiederholen. Ich persönlich empfehle dafür folgenden Wiederholungsrhythmus: die erste Wiederholung nach einem Tag, die nächste nach 2 Tagen, 1 Woche, 2 Wochen, 1 Monat, alle 3 Monate.

Dies gilt für Informationen, die man dauerhaft ins Langzeitgedächtnis aufnehmen möchte. Es ist natürlich möglich, dass Sie einen anderen Wiederholungsrhythmus bevorzugen. Am besten machen Sie Ihre eigenen Erfahrungen.

Wie Sie sehen, lassen sich Informationen sowohl kurzzeitig als auch langfristig behalten.

Sie sollten nur darauf achten, dass Sie eine vernünftige Pause einlegen, bis Sie die gleiche Liste wieder verwenden.

Anwendungsbereiche

Diese Liste kann beispielsweise für effektives Zeitmanagement bei sogenannten Aufgabenlisten eingesetzt werden.

Sie können zum Beispiel die Aufgaben, die Sie im Laufe einer Woche zu erledigen haben, in drei Bereiche einteilen: Dinge, die erledigt werden **müssen**, Dinge, die Sie erledigen **sollten** und Dinge, die Sie erledigen **wollen**.

Sie könnten das Zahl-Symbol-System für die Muss-Liste verwenden. Für die Soll- und Wollen-Liste ließen sich die beiden Systeme verwenden, die in den zwei nachfolgenden Kapiteln vorgestellt werden.

Die Funktionsweise der drei Zehnersysteme als Aufgabenlisten erläutere ich im Detail im Kapitel „Die Aufgabenliste".

Natürlich ist dieser Anwendungsbereich nur ein Vorschlag von mir. Sie können die Liste natürlich für jeden anderen beliebigen Zweck einsetzen. Der Verwendungszweck ist lediglich eine Empfehlung.

Sie beherrschen nun Ihr erstes nummeriertes Zehnersystem. Im nächsten Kapitel zeige ich Ihnen ein weiteres System dieser Art.

Das Zahl-Form-System

Genauso wie das Zahl-Symbol-System verfügt auch dieses System über zehn Verknüpfungsstationen. Die einzelnen Verknüpfungsstationen erhält man folgendermaßen: Man sucht sich Gegenstände oder Lebewesen, die der jeweiligen Zahl vom Aussehen her ähneln. Bei der 2 könnte man sich einen Schwan vorstellen, bei der 8 eine Sanduhr oder eine Brezel, bei der 5 einen Fleischerhaken, usw. Lassen Sie Ihrer Phantasie freien Lauf. Sie sollten nur darauf achten, dass die Gegenstände/Lebewesen auch wirklich der jeweiligen Zahl ähneln, da Sie sonst beim Einprägen der Merkstationen Schwierigkeiten bekommen.

Im Folgenden habe ich Ihnen eine Liste mit jeweils mehreren Merkbildern zur Auswahl aufgeschrieben, die von den meisten Personen bevorzugt werden.

1. Fahne, Kerze, Pinsel
2. Schwan, Ente
3. Berge, Busen, Herz
4. Segelboot, Stuhl
5. Schwangere Frau (von Seite betrachtet), Fleischerhaken
6. Elefantenrüssel, Kirsche
7. Gehstock, Bumerang
8. Sanduhr, Schneemann
9. Luftballon, aufgespannter Regenschirm
10. Billardkugel mit Queue

Tragen Sie in die untenstehende Liste die Bilder ein, die Sie am meisten an die jeweilige Zahl erinnern und die Ihnen am meisten zusagen. Sie müssen natürlich nicht unbedingt die obigen Bilder als Merkstationen benutzen. Wenn Ihnen etwas einfällt, das Ihnen besser gefällt, sollten Sie dies unbedingt verwenden. Es sollte aber auf jeden Fall einfach und schnell mit zu merkenden Informationen verknüpft werden können. Wenn Sie möchten, können Sie neben der Merkstation das jeweilige Bild zeichnen, damit Sie sich die Liste besser einprägen können.

1. _____
2. _____
3. _____
4. _____
5. _____
6. _____
7. _____
8. _____
9. _____
10. _____

Beim Erstellen dieser Liste ist es oftmals hilfreich, auf einem Blatt die Merkbilder vorher zu skizzieren. Sie können sich aber auch von Computerprogrammen, die über Clipart-Bilder verfügen, inspirieren lassen, oder fragen Sie einfach einen Freund bzw. eine Freundin. Denn bei jedem sieht die Liste anders aus.

Wenn Sie diese Liste in der Praxis einsetzen, denken Sie wieder an die 4 Eckpfeiler erfolgreichen Memorierens: Sinne, Humor, Übertreibung und Sexualität. Bringen Sie am besten gleichzeitig so viele Eckpfeiler wie möglich beim Einprägen von Informationen ein. Denn je mehr Eckpfeiler Sie verwenden, um so stabiler wird das Merkgerüst sein.

Die Wichtigkeit dieser Eckpfeiler kann nicht oft genug wiederholt werden, und ich möchte gerne an einem weiteren Beispiel ihre Effektivität demonstrieren.

Beispiel

Sie möchten sich folgende Informationseinheiten merken: Monitor, Lexikon, Globus, Zeitung, Lautsprecher, Reifen, Ameisen, Bratpfanne, Komet, Affe.

Ich werde einzelne mögliche Verknüpfungen an jeweils einem Bild demonstrieren.

Ihr Symbol für die **1** ist eine **Fahne**. Stellen Sie sich vor, wie Sie einen langen Fahnenmast aufstellen möchten. Sie rammen den Mast mit voller Wucht in einen großen, teuren **Monitor** hinein, aus dem mit zischenden Geräuschen Funken sprühen. Auf der weißen Fahne ist auch ein Monitor abgebildet. Sie flattert im Wind.

Sie sitzen an einem See und träumen vor sich hin, als plötzlich mit hoher Geschwindigkeit ein **Schwan** auf Sie zukommt, der ein großes, dickes Buch in seinem Schnabel hält. Sie greifen nach dem Buch, das so dick ist wie ein **Lexikon**, doch der Schwan möchte es nicht hergeben. Nach langem Ringen lässt der Schwan los, und Sie halten das Lexikon in Ihren Händen. Es ist beim Kampf etwas nass geworden.

Sie besteigen einen **Berg**, als mit ohrenbetäubendem Lärm ein unproportional großer **Globus** von oben auf Sie zu gerollt kommt.

Ein schöner, sonniger Tag auf dem Meer in einem **Segelboot**. Plötzlich hören Sie, wie das Segel reißt. Sie sehen es sich an, und nun wundert es Sie überhaupt nicht, wieso das Segel gerissen ist – es ist aus dünnem **Zeitungspapier**. Sie können einige der Bilder und Überschriften erkennen.

Eine **schwangere Frau** hält einen **Lautsprecher** an jede Seite Ihres Bauchs, um ihrem Kind bereits im Mutterleib Musik vorzuspielen. Der Musikstil bleibt ganz Ihnen überlassen...

Ein **Elefant** rollt direkt vor Ihrem Haus mit seinem **Rüssel** einen **Reifen** über die Straße. Dabei trompetet er fröhlich.

Sie haben bei einer Wanderung Ihren **Wanderstock** dabei. Als Sie sich darauf stützen möchten, gibt es ein lautes Krachen, und der Stock knickt entzwei. Sie schauen ihn sich an und sehen, wie rotglühende **Ameisen** an ihm nagen...

Mit großem Anlauf „köpfen" Sie mit einer **Bratpfanne** einen **Schneemann**. Die Pfanne dröhnt dabei ohrenbetäubend.

Sie hängen an einem **Luftballon**, der gerade die Erdatmosphäre verlässt. Hoch oben sehen Sie, wie ein schöner, silberner **Komet** mit einem langen Schweif zischend auf Sie zu und knapp an Ihnen vorbei rast.

Sie sind in Ihrer Lieblingskneipe bei einer Partie **Billard** – mit einem **Affen**, der Sie angrinst!

Ihnen wären sicherlich ganz andere Bilder eingefallen. Jeder Mensch hat andere Vorstellungen. Wenn Ihnen nicht gleich Assoziationen einfallen, machen Sie sich keine Sorgen. Je häufiger Sie üben, um so leichter werden Ihnen die Einfälle zugeflogen kommen.

Außerdem müssen viele Menschen erst einmal eine Art Blockade überwinden, da sich ihr Unterbewusstsein gegen scheinbar verrückte Gedanken sträubt. Kinder haben damit aber keine Probleme. Erst im Laufe der Zeit verliert der Mensch sein Einfallsreichtum. Doch wie Sie sehen, kann hiergegen etwas unternommen werden!

Jetzt sind Sie wieder an der Reihe. Merken Sie sich mit Hilfe des Zahl-Form-Systems Folgendes: Blumenvase, Pappkarton, Disketten, Faxgerät, Thermometer, Hausdach, Katze, Papagei, Wüste, Erdbeben.

Lassen Sie sich nicht unterkriegen, wenn Sie das System noch nicht gleich beherrschen. Setzen Sie es einfach oft genug ein, und der Erfolg wird sich auch hier einstellen. Wenn Sie sich anfangs an eine Verknüpfungsstation nicht gleich erinnern können, schlagen Sie sie einfach nach.

Decken Sie nun die vorhergehende Liste ab, und tragen Sie die Begriffe hier ein:

1. _____
2. _____
3. _____
4. _____
5. _____
6. _____
7. _____
8. _____
9. _____
10. _____

Anwendungsbereiche

Diese Liste kann für die Soll-Liste des effektiven Zeitmanagement eingesetzt werden (s. vorheriges Kapitel). Doch es gibt natürlich eine unbegrenzte Vielfalt an anderen Einsatzbereichen wie zum Beispiel als Einkaufsliste, Terminliste, usw.

Das Zahl-Reim-System

Nun kommen wir zum letzten Zehnersystem. Die Verknüpfungsstationen erhält man hier durch Worte, die sich auf die jeweilige Zahl reimen. So reimt sich beispielsweise das Wort *Brei* auf die Zahl *Drei* und könnte somit als Verknüpfungsstation verwendet werden. Bei einigen Zahlen gibt es kleine Probleme (z.B. bei *Zwei* ist der Reim nicht eindeutig, da er ja auch auf die Zahl *Drei* passen würde bzw. umgekehrt), und so werden in diesen Fällen einige Modifikationen bei der Aussprache vorgenommen; was in der Klammer steht, wird nicht ausgesprochen.

Hier nun die Liste:

Nr.	Aussprache	Begriff
1	Eins	Heinz. Kennen Sie niemand mit diesem Namen, nehmen Sie
	Ein	Wein, Bein, Hain, ...
2	Zwo	Stroh, Zoo
3	Drei	Brei
4	Vier	Stier, Tür
5	Fünf	Strümpf(e),
6	Sechs	Rex (ein Hund), Sex
7	Sieben	Rüben, sieben (mit einem Sieb)
8	Acht	Nacht, Tracht
9	Neun	Zäun(e),
10	Zehn	Feen, Ren(tier),

Gehen Sie diese Liste durch, und überlegen Sie, ob Ihnen vielleicht bessere, einprägsamere Begriffe einfallen. Wenn Sie sich entschieden haben, tragen Sie die jeweiligen Verknüpfungsstationen nachfolgend ein.

1. _____

2. _____

3. _____

4. _____

5. _____

6. _____

7. _____

8. _____

9. _____

10. _____

Prägen Sie sich das System gut ein. Sie können dabei so vorgehen, wie Sie es bei den anderen Systemen zuvor auch getan haben.

Anwendungsbereiche

Diese Liste kann für die Wollen-Liste des effektiven Zeitmanagement eingesetzt werden (s. Zahl-Symbol-System). Doch es gibt auch hier wieder eine Vielzahl an anderen Anwendungsmöglichkeiten. Ich persönlich empfehle die Verwendung der Zehnersysteme bei den sogenannten Aufgabenlisten. Diese Einsatzmöglichkeit stelle ich im nächsten Kapitel detailliert vor.

Ich möchte an dieser Stelle erwähnen, dass man mit Hilfe dieser Systeme nicht nur Gegenstände im Kopf behalten kann, sondern durchaus auch abstrakte Konzepte. Dann muss man sich einen Schlüsselbegriff suchen, der repräsentativ für das Konzept verwendet wird, und diesen einprägen.

Beispiele

→ Wenn Sie sich merken möchten, dass Sie noch einen Zeitschriftenartikel über Paris lesen möchten, verknüpfen Sie einfach den Eiffelturm mit der entsprechenden Verknüpfungsstation. Diese Information wird Ihrem Gehirn ausreichen, um die nötigen Zusammenhänge zu erstellen.

→ Sie wollen die amerikanischen Bundesstaaten auswendig lernen (ob dies wirklich sinnvoll ist, oder ob Sie dies nur aus Spaß an der Freude tun, hängt vom jeweiligen Fall ab). Verwenden Sie als Bild für **Kalif**ornien einen **Kalif**en. Das reicht, damit Sie auf den Staat kommen. Bei **Flor**ida können Sie sich eine Floristin vorstellen, bei New Mexico einen Sombrero, für **Tennes**see ein **Tennis**match (hier kommt es mehr auf die Aussprache als auf eine einwandfreie Schreibweise an), usw.

Auf diese Weise lässt sich wirklich jeder auch noch so abstrakte Begriff merken. Dabei spielt es auch keine Rolle, ob er ein Verb, ein Subjekt oder ein Adjektiv ist.

Gehen Sie bitte erst zum nächsten Kapitel über, wenn Sie die drei Zehnersysteme relativ gut beherrschen.

Hier einige Anregungen, um die Systeme zu üben:

→ Nehmen Sie sich den Duden oder ein Lexikon, und schlagen Sie willkürlich eine Seite auf. Schließen Sie Ihre Augen und deuten Sie mit dem Finger auf die Seite. Öffnen Sie wieder Ihre Augen, und schreiben Sie sich das Wort auf, auf das Ihr Finger zeigt. Machen Sie das zehnmal, und merken Sie sich diese zehn Begriffe mit einem der drei Zehnersysteme.

→ Schauen Sie sich im Fernsehen die Nachrichten an, und merken Sie sich zehn Schlagzeilen mit Hilfe eines der drei Zehnersysteme.

→ Lesen Sie die Zeitung, und schreiben Sie sich die Schlüsselworte der Ihrer Meinung nach zehn wichtigsten Überschriften heraus. Lernen Sie dann diese zehn Schlüsselbegriffe auswendig.

Listen & Kalender

Die Aufgabenliste

Sie kennen das sicherlich: Man hat die ganze Woche über jede Menge Erledigungen zu machen (sei es nun privat oder im Beruf), und schnell verliert man den Überblick. Die meisten Menschen kommen ohne eine vernünftige Termin- und Aufgabenplanung nicht aus. Also werden Kalender benutzt und Aufgabenlisten erstellt.

Doch Sie brauchen nicht unbedingt einen Organizer, eine Minidatenbank oder ein Notebook, um Überblick über Ihre wöchentlichen Aufgaben zu behalten. Diese Geräte und auch Taschenkalender haben alle einen Nachteil: Man muss sie ständig bei sich haben. Und wir alle wissen, dass es immer wieder einmal vorkommen kann, dass man den Terminplaner vergisst – und was macht man dann?

Es gibt etwas viel Effektiveres als Geräte oder Kalender, die man ständig mit sich herum tragen muss – das Gehirn! Das haben Sie immer dabei. Mit den Merktechniken in diesem Buch wird ein Terminplaner überflüssig.

Wie bereits in den vorhergehenden Kapiteln beschrieben, kann man die Aufgaben, die man jede Woche zu erledigen hat, in drei Kategorien einteilen: Dinge, die man tun **muss**, Dinge, die man tun **sollte**, und Dinge, die man tun **möchte**. Am besten nehmen Sie sich am Anfang der Woche (oder bereits am Wochenende, wenn Sie das möchten) zehn Minuten Zeit, um Ihre Wochenaufgaben zusammenzustellen. Schreiben Sie die Punkte, die ein Muss sind, in die *Muss-Liste*, Erledigungen, die Sie tun sollten, in die *Soll-Liste*, und Dinge, die Sie tun möchten, wenn Sie Zeit haben, in die *Wollen-Liste*.

Es ist wichtig, dass Sie die Aufgaben anfangs schriftlich festhalten, da Sie vielleicht doch noch Änderungen an der Priorität der Aufgaben vornehmen möchten und sie dann in eine andere Liste übernehmen.

Nachdem Ihre drei Listen feststehen, ist es Zeit, sie sich einzuprägen. Hierfür können Sie die drei Zahlensysteme verwenden, die ich Ihnen in den vorausgegangenen Kapiteln vorgestellt habe. Welches System Sie für welche Liste verwenden, bleibt ganz Ihnen überlassen.

Vielleicht haben Sie Ihre eigenen Ideen und Vorstellungen und möchten Ihr eigenes System entwickeln. Wenn Sie etwas Übung mit Merksystemen haben, werden Sie schnell merken, dass es ganz einfach ist, eigene Merklisten zu erstellen.

Zur weiteren Erläuterung möchte ich Ihnen gerne wieder einige Beispiele aufführen. Mit etwas Übung wird es Ihnen ganz leicht fallen, auch komplexere Konzepte mit einer Merkstation zu verknüpfen.

Sie haben am Dienstag ein Treffen mit dem Abteilungsleiter der Buchhaltung des Unternehmens, in dem Sie arbeiten. Dieses Treffen ist äußerst wichtig und aus diesem Grund ein absolutes Muss. Sie möchten es aus diesem Grund in Ihre *Muss-Liste* setzen.

Angenommen, Sie verwenden als *Muss-Liste* das Zahl-Symbol-System. Sie verknüpfen also dieses Treffen mit der ersten Position dieses Systems. Nehmen wir an, Sie verwenden als erste Verknüpfungsstation ein Einhorn. Sie können sich dann zum Beispiel vorstellen, wie Ihr Abteilungsleiter stolz auf einem Einhorn auf Sie zu reitet.

Sie haben sich somit das Treffen eingeprägt. Nun müssen Sie nur noch unterbringen, dass dieses Treffen am Dienstag stattfindet. Das ist auch nicht schwierig, Sie müssen lediglich für jeden Wochentag ein Bild haben, das Sie mit in die vorherige Verknüpfung aufnehmen.

Sie könnten beispielsweise jedem Wochentag eine Nummer zuteilen, die Sie mit Hilfe eines anderen Zehnersystems umwandeln.

Der Sonntag bekommt die 1 zugewiesen, weil er der erste Wochentag ist, der Montag die 2, usw. Jede Nummer bekommt dann ein Bild zugeteilt, das sie von einem der vorherigen Zahlensysteme übernehmen können.

Somit ergibt sich folgende Nummern- und Bildzuweisung:

Sonntag	1	Bein
Montag	2	Stroh
Dienstag	3	Brei
Mittwoch	4	Tür
Donnerstag	5	Strümpfe
Freitag	6	Sex
Samstag	7	Rüben

Das Treffen ist am Dienstag, das bedeutet, dieser Tag hat die Nummer 3. Die 3 war beim Zahl-Reim-System der Brei. Stellen Sie sich also vor, dass der Abteilungsleiter der Buchhaltung auf einem Einhorn auf Sie zureitet und Ihnen einen Teller Brei vor die Füße wirft.

Natürlich müssen Sie nicht das Zahl-Reim-System für die Wochentage verwenden. Es steht Ihnen völlig offen, welche Bilder Sie für die Wochentage verwenden möchten. So könnten Sie beispielsweise für den Donnerstag ein Gewitter nehmen (wegen des Donners), für Montag könnten Sie sich den Mond vorstellen (Mond-Tag), beim Sonntag die Sonne, usw. Allerdings sollten Sie sich für ein System entscheiden und auch dabei bleiben, da es sonst zu Verwirrung kommen könnte.

Am besten finde ich persönlich, sich für die Wochentage ein eigenes System zu entwickeln. Nachfolgend habe ich meine Vorschläge aufgeführt. Wenn Sie ein Symbol nicht verwenden möchten, können Sie ein eigenes Symbol benutzen. Möchten Sie das obige Wochentagsystem anwenden, können Sie die nachfolgende Liste einfach überspringen.

Sonntag	Sonne
Montag	Mond
Dienstag	Diener
Mittwoch	Mitte (Mitte eines Kreises/Zimmers/...)
Donnerstag	Gewitter (Donner)
Freitag	Freier Tag (an welchem Ort würden Sie einen freien Tag verbringen?)
Samstag	Samson (von der Sesamstraße); oder vielleicht kennen Sie eine Samantha (z.B. Samantha Fox)?

Nachdem Sie sich die Aufgabenlisten eingeprägt haben, müssen Sie sie nur noch regelmäßig abrufen. Wenn Sie nämlich die Listen nicht ab und zu durchgehen, kann es vorkommen, dass Sie eine Aufgabe verpassen. Doch bei einem herkömmlichen Terminplaner hat man das gleiche Problem. Auch dort muss man regelmäßig nachschauen, wann der nächste Termin ist. Das Durchchecken der Listen geht relativ schnell von statten, wenn Sie es ein paar mal geübt und angewandt haben.

Wenn Ihnen das Wochensystem für Aufgaben nicht zusagt, können Sie die Aufgabenlisten auch täglich neu definieren.

Im nächsten Kapitel zeige ich Ihnen ein System für die Wochentage samt Uhrzeit, um Termine noch effektiver zu behalten. Sie brauchen nicht zu befürchten, das obige System umsonst erlernt zu haben, da der Gedächtnis-Wochenkalender auf der Grundlage des obigen Systems basiert. Betrachten Sie einfach die drei Zehnerlisten als Aufgabenlisten und das System, das im nächsten Kapitel vorgestellt wird, als Terminkalender.

Wenn Sie vorausschauender planen müssen, ist das Monatssystem geeigneter. Im Kapitel *Das Reisesystem* zeige ich Ihnen solch ein System. Erfahrungsgemäß ist aber für die meisten Menschen der Wochenkalender vollkommen ausreichend.

Der Wochenkalender

Sie haben gelernt, wie Sie Aufgabenlisten im Gedächtnis verwalten können. Vielen Menschen genügt es völlig, lediglich die drei obengenannten Aufgabenlisten zu nutzen. Falls Sie jedoch viele Termine wahrnehmen müssen, ist ein zusätzliches Kalendersystem empfehlenswert.

Die Bilder für die Wochentage, die ich im vorhergehenden Kapitel vorgestellt habe, können als Grundlage für einen Wochenkalender verwendet werden.

Die folgenden Wochentagsbilder dienen somit als Merkstationen (vgl. vorheriges Kapitel):

Sonntag   Sonne
Montag   Mond
Dienstag   Diener
Mittwoch   Mitte
Donnerstag   Gewitter
Freitag   Freier Tag
Samstag   Samson
                Samantha

Wenn Sie einen bestimmten Termin einplanen müssen, verknüpfen Sie ihn einfach mit dem jeweiligen Wochentag. Wie die Uhrzeit in ein Bild umgewandelt wird, erfahren Sie im Kapitel *Das Alphanummerik-System – Merken von Zahlen.*

Sie müssen dann nur noch regelmäßig Ihre Wochentagsliste durchgehen, um zu sehen, ob und wann Sie einen Termin haben. Wenn Sie mehrere Termine am gleichen Wochentag wahrnehmen müssen, verknüpfen Sie sie mit Hilfe des Verkettungssystems miteinander.

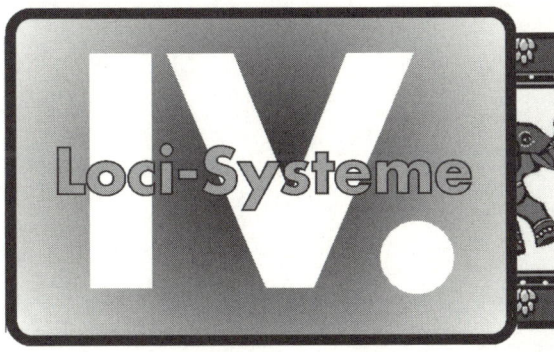

IV.
Loci-Systeme

Das Reisesystem

Das Reisesystem ist äußerst effektiv und wird beispielsweise von Dominic O'Brien, dem (zum Zeitpunkt der Publikation dieses Buches) siebenfachen Gedächtnisweltmeister, unter anderem zum Memorieren von Kartenstapeln verwendet. Sie werden von der Einfachheit dieses Systems bestimmt überrascht und begeistert sein. Doch trotz dieser Einfachheit ist es unglaublich wirkungsvoll.

Bei diesem System werden die zu merkenden Gegenstände/Informationen mit Gebäuden oder sonstigen markanten Punkten in einer Landschaft wie zum Beispiel einer Stadt, einem Waldweg, einem Golfkurs, usw. verknüpft.

Da ich in einem Dorf aufgewachsen bin, stelle ich mir mein Dorf vor. Wenn ich mir beispielsweise merken möchte, dass ich einen Termin beim Frisör habe, visualisiere ich, wie mein Frisör am Seil der Kirchenglocke hängt und daran zieht (sie hallt ohrenbetäubend). Die Glocke ist eine Verknüpfungsstation. Möchte ich mir merken, dass ich meine Umsatzsteuervoranmeldung abgeben muss, sehe ich den Finanzbeamten, wie er gerade vor der Bank sitzt und bettelt. Hier ist das Bankgebäude die Verknüpfungsstation. Der Beamte klimpert bereits mit einem Geldsack, und in seinen Augen sind Dollarzeichen anstelle von Pupillen zu sehen.

Verstehen Sie das Prinzip?

In welchem Ort oder in welcher Stadt kennen Sie sich gut aus? Nehmen Sie sich ein Blatt Papier (am besten DIN A4), gehen Sie den Ort im Geiste ab, und notieren Sie, welche markanten Punkte als Verknüpfungsstation dienen sollen. Übrigens müssen Sie nicht unbedingt Ihren Heimatort auswählen; der Weg zur Arbeitsstelle oder irgendeine andere Strecke, die Sie gut kennen (z.B. Ihre Spazierstrecke in einem Park), kann ebenfalls verwendet werden.

Schreiben Sie sich so viele Speicherstationen auf, wie Sie möchten. 25 Stationen sollten Sie aber mindestens zu Papier bringen. Falls Sie Schwierigkeiten haben, sich die Straßen, Gebäude, Denkmäler, Grünanlagen usw. vorzustellen, nutzen Sie doch einfach einmal einen Nachmittag, um dort spazieren zu gehen und sich alles intensiv anzusehen. Wenn Sie möchten, können Sie Ihren Block und den Schreibstift mitnehmen.

Nachdem Sie Ihre Verknüpfungsstationen aufgeschrieben haben, müssen Sie sich eine Route überlegen, auf der Sie zukünftig immer im Geiste entlang gehen, um eine feste Reihenfolge zu erhalten.

Am besten nummerieren Sie die Stationen in der Reihenfolge durch, in der Sie sie abgehen möchten. Wenn Ihre Reihenfolge feststeht, schreiben Sie die Liste erneut auf.

Ihre Liste könnte beispielsweise so aussehen:
1. Mein Haus
2. Haus von Familie Müller
3. Blumenladen
4. Plakatwand
5. Kriegerdenkmal
6. Friedhof
7. Sitzbank
8. Parkanlage
9. Parkbank
10. Biotop
11. Kirche
12. Krankenhaus
13. Springbrunnen
14. Elektrogeschäft
15. Autohändler
16. Tankstelle
17. Supermarkt
18. Bäckerei
19. Metzgerei
20. Geldbank
21. ...
22. ...
23. ...

Gehen Sie Ihre Strecke nochmals in Ihrem Geiste durch, und vergleichen Sie sie mit der Liste auf Ihrem Blatt. Sobald Sie die festen Merkstationen beherrschen, ist das System einsatzbereit.

Übung macht den Meister

Verzagen Sie nicht, wenn Sie Anfangsschwierigkeiten haben. Probieren Sie das System so oft wie möglich aus. Der Erfolg wird sich im Laufe der Zeit hundertprozentig einstellen.

Prägen Sie sich zur Übung folgende Liste mit Hilfe Ihres Reisesystems ein: Weinflasche, Elefant, Schreibtisch, TV-Gerät, Kissen, Armbanduhr, Kopfhörer, Taschenlampe, Ordner, Würfel, Blumenvase, Geburtstagskarte, Laptop, Kerzenständer, Sessel, Gewehr, Ihr(e) beste(r) Freund(in), Fernbedienung, CD, Auto.

Durch diese Übung festigen Sie nicht nur Ihre Merkstationen, Sie trainieren zusätzlich noch Ihre Phantasie. Kennen Sie noch die 4 Eckpfeiler erfolgreichen Memorierens? Wenden Sie diese Prinzipien stets an, und der Erfolg ist Ihnen sicher.

Anwendungsbereiche

Dieses System eignet sich hervorragend für längere Listen, wie zum Beispiel einen Monatskalender. Hierfür müsste Ihre Reiseroute allerdings mindestens 31 Verknüpfungsstationen enthalten. Zudem müssten Sie schnell und gezielt auf einzelne Tage innerhalb des Monats zugreifen können. Um das zu erreichen, können Sie sogenannte Signale auf Ihrer Reiseroute abstecken. Stellen Sie sich beispielsweise bei jeder fünften Merkstation eine rote Fahne vor. Sie wissen dann, dass jedes Bild mit einer roten Fahne ein Tag ist, der durch fünf teilbar ist (d. h. der 5., 10., 15., 20., 25. und 30.). Somit können Sie schneller auf einzelne Tage „zugreifen".

Ich persönlich verwende das Reisesystem mit Vorliebe zum Memorieren von Kartenstapeln.

Sie können sich natürlich auch mehrere Reiserouten ausdenken und jede für einen anderen Zweck verwenden.

Mehr zum Thema „Merken von Kartenstapeln" finden Sie im gleichnamigen Kapitel.

Der römische Raum, Gedächtnishäuser und Gedächtnispaläste

Wie der Name schon sagt, wurde dieses System bereits von den alten Römern erfolgreich eingesetzt. Es funktioniert vom Prinzip her so ähnlich wie das Reisesystem, nur dass hier die Verknüpfungsstationen nicht auf einer Reiseroute liegen, sondern in einem Zimmer, Haus oder einem anderen Gebäude.

Sowohl das Reisesystem als auch das System des römischen Raums fällt unter die Kategorie der sogenannten „Loci-Systeme" (vom lateinischen „Locus", was so viel wie „Ort" heißt).

Am besten nehmen Sie ein Zimmer, das wirklich existiert, da Sie sich dort bereits gut auskennen. Wenn Sie zu Hause sind und dieses Buch lesen, schließen Sie kurz die Augen, und stellen Sie sich vor, wie es in Ihrem Wohnzimmer aussieht. Gehen Sie dieses Zimmer in Ihrem Geiste ab, und überlegen Sie sich, welche Gegenstände gut als Verknüpfungsstation funktionieren.

Hier einige Beispiele: Fernsehgerät, Stereoanlage, Wohnzimmertisch, Sessel, Couch, Lautsprecher, Wohnzimmerschrank, CD-Ständer, Blumenfenster, Blumenvase, Stehlampe, Wanduhr, usw.

Nehmen Sie sich wieder ein leeres Blatt Papier, und zeichnen Sie mit einem Bleistift eine Skizze eines bestimmten Zimmers. Heben Sie die Gegenstände, die als Merkstationen fungieren sollen, besonders hervor (z.B. mit einer anderen Farbe), oder zeichnen Sie von vornherein nur das in die Skizze, was Sie als Verknüpfungsstation verwenden möchten.

Nummerieren Sie als Nächstes die Merkstationen in der Reihenfolge durch, in der Sie den Raum gedanklich „abgehen" möchten. Für die Reihenfolge empfiehlt sich der Gang im oder gegen den Uhrzeigersinn.

Fertig! Schon haben Sie eine weitere Liste.

Vielen Menschen macht es Spaß, eigene „Merkzimmer" zu erfinden. Oft bleibt es dabei nicht bei einem Zimmer, sondern sie erschaffen ganze Häuser, ja Paläste.

Haben Sie das Buch „Hannibal" von Thomas Harris gelesen? Die Hauptperson, Hannibal Lecter, verwendet in diesem Roman einen Gedächtnispalast, um sich die Adresse von Agent Clarice Starling und andere Informationen zu merken. Auch dies ist keine neue Idee. Gedächtnispaläste wurden bereits vor Jahrhunderten verwendet.

Natürlich ist die Einrichtung solch großer, imaginärer Gebäude mit ziemlich viel Aufwand verbunden, da im Gegensatz zu reellen Zimmern und Häusern, in denen man alle Gegenstände bereits kennt und nicht mehr lernen muss, die Verknüpfungsstationen erst erschaffen werden müssen. Die ganze Raumstruktur sowie die Architektur sind noch gar nicht bekannt und müssen selbst erst einmal entwickelt und erlernt werden.

Ob Ihnen dieser Aufwand es wert ist, bleibt freilich Ihnen überlassen. Wozu viel Zeit in erfundene Räume, Häuser oder gar Paläste investieren, wo Sie doch zuerst Ihr eigenes Haus bzw. Ihre eigene Wohnung nutzen können?

Zumindest sollten Sie es aber einmal ausprobieren und einen Raum selbst erfinden. Vielleicht macht es Ihnen so viel Spaß, dass Sie nur noch selbst erfundene Gedächtnisorte nutzen möchten. Oftmals liegt gerade der Reiz darin, phantastische und phantasievolle Gebäude zu kreieren. Bauen Sie sich Ihr Traumhaus!

Nachfolgend zeige ich Ihnen ein komplettes Beispielhaus als Merksystem. Danach finden Sie eine leere Tabelle, in die Sie zehn Räume und jeweils zehn Gegenstände als Verknüpfungsstationen eintragen können. Auch hier rate ich dazu, einen Bleistift zu verwenden, um später Korrekturen vornehmen zu können, ohne etwas durchstreichen zu müssen.

Am besten eignet sich Ihr eigenes Haus bzw. Ihre eigene Wohnung, in der Sie zur Zeit leben, oder das Haus, in dem Sie aufgewachsen sind. Wenn Ihnen keine zehn Wohnbereiche zur Verfügung stehen und Sie trotzdem 100 Merkstationen nutzen möchten, können Sie das System entsprechend modifizieren. Hat Ihr Gedächtnishaus beispielsweise nur 9 Wohnbereiche, können Sie ja bei zwei anderen Wohnbereichen anstelle von 10 Verknüpfungsstationen 15 verwenden.

Beispielhaus

Eingang	1	Haustür	Bad	51	Toilette
	2	Schirmständer		52	Dusche
	3	Mantel- und Hutständer		53	Badewanne
	4	Läufer		54	Spülbecken
	5	Spiegel		55	Handtuchhalter
	6	Blumenvase		56	Seifenhalter
	7	Schlüsselbrett		57	Rasierapparat
	8	Sicherungskasten		58	Fön
	9	Schuhschrank		59	Waage
	10	Hausschuhe		60	Schminkkasten
Wohnzimmer	11	Telefon	Schlafzimmer	61	Nachttisch
	12	Couch		62	Bett
	13	Sessel		63	Bettflasche
	14	Vogelkäfig		64	Wäschekorb
	15	Aquarium		65	Kleiderschrank
	16	Wohnzimmerschrank		66	Statue
	17	Steh- und Leselampe		67	Wandspiegel
	18	TV-Gerät		68	Palme
	19	Stereoanlage		69	Schmuckkästchen
	20	Lautsprecher		70	Wecker
Küche	21	Kühlschrank	Waschraum	71	Waschmaschine
	22	Ofen		72	Wäschetrockner
	23	Toaster		73	Bügelbrett
	24	Geschirrspülmaschine		74	Bügeleisen
	25	Geschirrhandtuch		75	Waschmittel
	26	Wandschrank		76	Wäschekorb
	27	Kaffeemaschine		77	Wäscheleine
	28	Waffeleisen		78	Wasserhahn
	29	Nudelholz		79	Staubsauger
	30	Messerhalter		80	Wäscheklammerkorb
Esszimmer	31	Stühle	Garage	81	Garagentor
	32	Esstisch		82	Auto
	33	Deckenlampe		83	Fahrrad
	34	Brotkorb		84	Wasserschlauch
	35	Obstschale		85	Mülltonne
	36	Fensterbank mit Blumen		86	Spaten
	37	Serviertisch		87	Blumenerde
	38	Brotbackautomat		88	Eimer
	39	Balkontür		89	Leiter
	40	Schaukelstuhl		90	Werkzeugkasten
Büro	41	Schreibtisch	Garten	91	Rasen
	42	Drehstuhl		92	Liegestühle
	43	Computer		93	Sonnenschirm
	44	Monitor		94	Apfelbaum
	45	Fax		95	Biotop
	46	Drucker		96	Kirschbaum
	47	Weltkarte		97	Erdbeersträucher
	48	Kugelschreiber & Stifte		98	Tischtennisplatte
	49	Ordner		99	Regentonne
	50	Taschenrechner		100	Gartentisch

Gedächtnishaus

·····························

Sie verfügen jetzt über ein leistungsstarkes Merksystem mit 100 Verknüpfungsstationen, auf die Sie ganz leicht zugreifen können, indem Sie einfach an eine Ihnen bekannte Umgebung denken.

Mit einem System solch einer Größe lässt sich sehr viel anfangen. Dies führt uns direkt zu den Anwendungsbereichen.

Anwendungsbereiche

Kleine Datenbank: Bei solch einer großen Anzahl an Merkstationen kann man Informationen, die man für längere Zeit speichern möchte, unterbringen.

So können Sie beispielsweise Prüfungsinformationen, Adressen, Telefonnummern (genaueres hierzu im Kapitel „Das Alphanummerik-System – Das Merken von Zahlen"), wichtige geschichtliche Daten, Vorträge (mehr hierzu im Kapitel „Das Merken von Vorträgen"), Witze und vieles mehr dauerhaft speichern.

Tragen Sie doch einfach weiter unten mögliche Verwendungszwecke ein, die Ihnen einfallen.

Verwendungszwecke für mein Gedächtnishaus

Eine weitere Anwendung: das Hotelzimmer als „Zwischenspeicher"

Wenn Sie viel mit Computern arbeiten, wissen Sie sicherlich, welche Funktion dort der sogenannte Zwischenspeicher (auch Clipboard genannt) erfüllt. Sie können damit etwa in einem Textverarbeitungsprogramm Textabschnitte aus einem Dokument kopieren und in ein anderes Dokument einfügen. Beim Kopieren wird der ausgewählte Textabschnitt in den Zwischenspeicher gestellt. Danach kann dieser Text vom Zwischenspeicher in ein anderes Dokument eingefügt werden.

Nun kennen Sie aus dem täglichen Leben sicherlich die Situation, in der Sie einen Geistesblitz haben, aber erst etwas zum Schreiben oder ein Diktiergerät suchen müssen, um ihn nicht zu vergessen. Oft ist dann der geniale Einfall jedoch „weg". Oder manchmal liest man unterwegs etwas Wichtiges, das man sich nur solange merken will, bis man wieder zu Hause ist.

Es wäre nicht sonderlich effektiv, Informationen dieser Art in einem System für langfristige Daten zu speichern. Deshalb können Sie sich in Ihrem Gehirn einen Zwischenspeicher für Einfälle und kurzfristige Informationen einrichten.

Ich persönlich verwende hierfür das Hotelzimmer, in dem ich meinen letzten Urlaub verbracht habe. Wenn Sie kein Hotelzimmer gut in Erinnerung haben, können Sie freilich ein anderes Zimmer für diesen Zweck benutzen. Wenn Sie dann einmal wieder unterwegs sind, und es erzählt Ihnen jemand einen guten Witz, oder Sie möchten sich einfach nur merken, wie der Anlagefonds heißt, von dem jemand auf einer Party begeistert spricht, können Sie diese Informationen in Ihrem Zwischenspeicher unterbringen. Sie brauchen keine Angst mehr zu haben, Ihr Notizbuch oder Ihr Diktiergerät zu vergessen.

Gehen Sie nun ans Werk, und zeichnen Sie auf einem leeren Blatt Ihren Zwischenspeicher auf. Nummerieren Sie wieder die einzelnen Merkstationen, und legen Sie eine Route fest, auf der Sie den Raum abgehen werden. Sie sollten sich nach Möglichkeit zwischen 10 und 15 Verknüpfungsstationen einrichten.

V. Wie merke ich mir ...

Das Merken von Namen und Gesichtern

Dieses Kapitel wird für viele Leser wohl eines der wichtigsten sein.

Wer kennt solche Situationen nicht: Man läuft in der Fußgängerzone und trifft dort plötzlich auf ein bekanntes Gesicht. Leider fällt einem der Name der Person nicht mehr ein, und an ihrem Gesichtsausdruck sehen Sie, dass auch Sie von diesem netten Menschen erkannt wurden. Was passiert als Nächstes? Ich glaube, ich muss dies nicht sonderlich weiterführen. Peinlichkeit dominiert solche Treffen ...

Wollten Sie nicht schon immer in der Lage sein, sich jeden Namen merken zu können? Mit dem System, dass ich Ihnen nun vorstelle, wird dieser Wunsch für Sie zur Realität.

Zuerst sollten Sie sich der Tatsache bewusst sein, dass Sie Gesichter so gut wie immer behalten können. Es sind die Namen, die man vergisst. Wenn Sie jemanden treffen und sich dessen Namen merken möchten, sollten Sie folgendermaßen vorgehen:

1. Aufmerksamkeit

Wenn sich die Person Ihnen vorstellt bzw. wenn sie Ihnen vorgestellt wird, schauen Sie ihr ins Gesicht, und nehmen Sie den Namen wahr, d.h. hören Sie genau zu. Das ist nämlich oft schon die halbe Miete. Denn häufig hört man einfach nicht hin, weil man entweder mit den Gedanken woanders ist oder weil man im Unterbewusstsein denkt, dass man den Namen sowieso nicht behalten kann, und ihm aus diesem Grund keine Beachtung schenkt.

Ich möchte die Wichtigkeit dieses Schritts abermals stark betonen: Schauen Sie der Person ins Gesicht (Sie sollten dabei lächeln – der erste Eindruck ist nämlich fast immer entscheidend), und hören Sie sich aufmerksam den Namen an. Falls Sie den Namen nicht richtig verstehen, bitten Sie die Person, ihren Namen zu wiederholen. Haben Sie keine Angst sich zu blamieren; ein Nachfragen ist nämlich ein sicheres Zeichen dafür, dass Sie sich für diesen Menschen interessieren, und der wird diese Tatsache sicherlich zu schätzen wissen.

Haben Sie den Namen verstanden, wiederholen Sie ihn selbst.

2. Umwandlung des Namens

Jetzt müssen Sie den Namen in ein Bild umwandeln. Mit den Techniken, die Sie bereits in diesem Buch erlernt haben, sollte dies kein Problem sein.

Nehmen wir als Beispiel den weit verbreiteten Namen Schmidt. Das ist einfach: Stellen Sie sich einen Schmied vor.

Weitere Beispiele: Müller – Mülltonne, Schulz – Schule (keine Angst, Ihr Gedächtnis erkennt mit Sicherheit, welcher Name gemeint ist; die Bilder dienen nur als Stütze), Bauer – einfach, ein Bauer, Mistler (Sie können es sich sicherlich vorstellen...), usw.

Dies sind zugegebenermaßen einfache Beispiele. Aber glauben Sie mir, es lässt sich jeder Name in ein Bild umwandeln. Wenn Sie die vorhergehenden Kapitel gründlich durchgearbeitet haben, sind Sie im Umwandeln von Ausdrücken bereits geübt.

Den komplizierteren Namen Grapowski könnten Sie beispielsweise in diese Bilder zerlegen: Grab – Po – Ski. Es spielt keine Rolle, ob die Schreibweise dieser Begriffe mit der des Namens übereinstimmt. Es ist nur wichtig, dass diese Bilder Sie auf den richtigen Namen hinweisen.

So wird aus dem Namen Sachs ein Saxofon und aus dem Namen des Moderators Jörg Wontorra entsteht folgende Szene: Herr Wontorra sucht die Torwand und findet sie schließlich („Wo 'n Tor? Ah!"). Dies mag auf den ersten Blick ziemlich abstrakt und vielleicht sogar lächerlich wirken, aber es funktioniert.

Für häufige Vornamen können Sie Standardbilder verwenden, die Sie immer im entsprechenden Fall einsetzen: Hans – ein Hahn, Sarah – die Wüste Sahara, Karsten – ein Kasten, usw.

Auch hier ist es wahrscheinlich, dass Ihnen ganz andere Bilder einfallen, die Sie auf den Namen hinweisen.

3. Hervorstechendes Merkmal

Sehen Sie sich das Gesicht genau an (aber bitte nicht auffällig anstarren!), und stellen Sie fest, **welches Merkmal** daran besonders **hervorsticht**. Ist es eine krumme Nase, sind es große Ohrläppchen, eine dicke Oberlippe, kleine Mandelaugen, eingefallene Wangen, eine runzlige Stirn, ein Grübchen im Kinn? Überlegen Sie nicht zu lange, sondern nehmen Sie das Merkmal, dass Ihnen zuerst besonders auffällt. Dies ist wichtig, es sollte Ihnen bei einem späteren Treffen nämlich auch wieder als Erstes ins Auge fallen. Falls Sie moralische Bedenken haben, nach physischen „Fehlern" und Unregelmäßigkeiten von Personen zu suchen, denken Sie einfach daran, dass Sie dies nur tun, um der Person gegenüber freundlicher zu sein, indem Sie sie nämlich mit ihrem Namen ansprechen können. Außerdem ist niemand perfekt, jeder hat bestimmte „Fehler".

Seien Sie vorsichtig mit Haaren: Die Frisur kann sich nämlich im Laufe der Jahre verändern. Dies ist häufig bei Frauen und jungen Leuten der Fall.

4. Verknüpfung

Jetzt kommt der Clou: Sie führen Schritt 2 und 3 zusammen, indem Sie das Bild des Namens mit dem hervorstechenden Merkmal verknüpfen.

Hat Herr **Schatzmann** beispielsweise auffallende Geheimratsecken, stellen Sie sich vor, wie in diesen Ecken **Schätze** (stellen Sie sich glitzerndes und funkelndes Gold vor) lagern.

Wenn Frau **Müller** eine krumme Nase hat, sehen Sie vor Ihrem geistigen Auge, wie eine **Mülltonne** auf dem Nasenrücken herunter rollt.

Herr **Burkhart** hat ein hervorstehendes Kinn. Das Kinn ist ein Berg aus **hart**em Gestein, auf dem eine **Burg** steht.

Auf der Party lernen Sie **Olivia** kennen. Als Erstes fallen Ihnen ihre volle Lippen auf. Sie stellen sich also vor, wie an ihren Lippen unzählige grüne **Oliven** hängen.

Durch die Verknüpfungstechniken können Sie dann nicht nur den Vornamen mit dem Nachnamen verknüpfen, sondern auch mit Beruf, Herkunft, usw.

5. Zusatzstütze

Wenn Sie möchten, können Sie noch eine **Zusatzstütze** einbauen (diese ist wirklich nur optional), indem Sie die Person **mit einer Tätigkeit assoziieren**, die an dem Ort ausgeführt wird, an dem Sie sie kennen lernen.

Beispiele von oben: Olivia jongliert auf einer Party mit etlichen Oliven; Herr Burkhart, den Sie bei einem Geschäftsessen zum ersten Mal getroffen haben, baut auf dem Restauranttisch eine Sandburg, usw.

6. Wiederholung des Namens

Wiederholen Sie den **Namen** der Person im Laufe des Gesprächs ab und zu. Dies hat nicht nur einen Wiederholungseffekt, sondern wirkt zudem sehr höflich. Auch bei der Verabschiedung sollten Sie den Namen nochmals wiederholen: „Bis zum nächsten Mal, Herr Schatzmann"; „Hat mich gefreut, Sie kennen zu lernen, Frau Müller".

Sollte Ihnen dies alles zu umständlich vorkommen, dann bedenken Sie, dass Sie mit etwas Übung diese Schritte in Sekundenschnelle ohne großes Nachdenken durchführen werden. Wenn sich die ersten Erfolge einstellen (und das werden sie), werden Sie an der Einfachheit und Effektivität dieses Systems keine Zweifel mehr haben.

Übungen

1. Nehmen Sie sich ein Magazin mit vielen Farbfotos, und schneiden Sie Bilder von mindestens 20 Personen aus. Schreiben Sie auf die Rückseite einen erfundenen Namen. Machen Sie es sich aber nicht zu einfach, also nicht ständig Namen der Art Michael Schmidt nehmen (natürlich brauchen Sie auch nicht zwanghaft nach mörderischen Zungenbrechern zu suchen). Am besten ist es, wenn Sie Ihrer Frau bzw. Ihrem Mann oder einem Freund den Auftrag geben, zwanzig Namen zu erfinden und für Sie aufzuschreiben.

   Prägen Sie sich dann die Gesichter und die zugehörigen Namen gut ein. Lassen Sie sich aber nicht zu lang Zeit dafür.

   Machen Sie zehn Minuten lang etwas anderes, kehren Sie danach wieder zu den Bildern zurück, und versuchen Sie sich an die Namen zu erinnern. Wenn Ihnen ein Name nicht sofort einfällt, gehen Sie zu einem anderen Bild über, vielleicht fällt er ihnen etwas später noch ein.

   Verzagen Sie nicht, wenn nicht alles gleich auf Anhieb klappt – es ist noch kein Meister vom Himmel gefallen!

2. Setzen Sie das Namensystem sofort in der Praxis ein. Versuchen Sie auf der nächsten Party sich so viele Namen wie möglich zu merken.

Eines noch zum Schluss: Es ist enorm von Vorteil, wenn man sich für die entsprechende Person auch wirklich interessiert. Hat man kein wahres Interesse, ist keine Motivation vorhanden. Und die bestimmt wie bei den meisten anderen Dingen im Leben den Erfolg.

Das Merken von Vorträgen und Büchern

Ob als Schüler, Student, Berufstätiger oder manchmal als Privatperson kann es vorkommen, dass man einen Vortrag oder eine Rede halten muss. Viele Menschen haben Angst davor, einen Vortrag zu halten. Als Grund wird häufig ein schlechtes Gedächtnis angegeben. Da Sie aber inzwischen mit Mnemotechniken vertraut sind, wissen Sie, dass jeder ein gutes Gedächtnis hat und man lediglich die Gebrauchsanweisung, d.h. die richtigen Techniken, dafür benötigt. Sie können den Vortrag komplett in einem Ihrer Merksysteme unterbringen.

Zunächst einmal sollten Sie sich der Tatsache bewusst sein, dass es nicht darauf ankommt, sich einen Vortrag Wort für Wort auswendig zu merken, denn dann wirkt er steif und abgelesen. Dies ist eine Garantie, wie Sie Ihre Zuhörer zum Einschlafen bringen können. Vielmehr ist es wichtig, dass Sie den Inhalt in Ihren eigenen Worten wiedergeben.

Nachdem Sie sich über den Inhalt Ihres Vortrages im Klaren sind (notieren Sie sich in Stichpunkten Ihre Einfälle), sollten Sie das Konzept zu Papier bringen. Nach mehreren Überarbeitungen wird der Vortrag feststehen.

Nun ist es soweit, sich den Inhalt des Vortrags einzuprägen. Wie bereits weiter oben bemerkt, ist es nicht erforderlich bzw. es ist davon abzuraten, den Vortrag Wort für Wort auswendig zu lernen. Sie müssen sich lediglich Gedanken bzw. Gedankengänge merken.

Suchen Sie sich Stichwörter heraus, welche Sie auf die jeweiligen Gedanken bzw. Inhalte hinweisen, die Sie mitteilen möchten, und verknüpfen Sie sie mit einem Merksystem Ihrer Wahl. Sie werden sehen, dass es einfach ist, für jeden Gedankengang ein einziges Wort bzw. Bild zu finden, das Sie an dessen Inhalt erinnert.

Sollte in Ihrem Vortrag eine Aufzählung vorkommen, die unbedingt komplett wiedergegeben werden muss, müssen Sie natürlich auch die gesamte Aufzählung anhand einzelner Schlüsselwörter memorieren. Sie wissen selbst am besten, welche Schlüsselwörter unbedingt notwendig sind, um sich den Vortrag einzuprägen. Sie brauchen sehr wahrscheinlich weniger Stichwörter als Sie anfangs glauben.

Falls der Vortrag lang ist, sollten Sie ein umfangreiches Merksystem (z.B. ein Gedächtnishaus) verwenden. Ist der Vortrag kürzer (beispielsweise bei einer Rede), können Sie auch das modifizierte Verknüpfungssystem zum Speichern Ihres Vortrags benutzen.

Für den unwahrscheinlichen Fall, dass keines der bisher aufgezeigten Merksysteme ausreicht, um alle Stichwörter aufzunehmen (bedenken Sie, dass Ihnen mit dem Gedächtnishaus bereits 100 freie Merkstationen zur Verfügung stehen), brauchen Sie sich keine Sorgen zu machen. Im Kapitel *Das ProtoMistler-System – Ihre Gedächtnisdatenbank* werden Sie ein System erlernen, das mit Sicherheit umfangreich genug ist.

Wenn Sie alle Stichwörter anhand des Merksystems, das Sie angewandt haben, zügig und ohne Schwierigkeiten wiedergeben können, sollten Sie den gesamten Vortrag üben. Sie müssen jetzt nur noch der Reihe nach an die Verknüpfungsstationen und somit an die Schlüsselwörter denken und den entsprechenden Inhalt einfach in Ihre eigenen Worte fassen. Die memorierten Stichwörter dienen als Brückenpfeiler für Ihre Rede.

Grundvoraussetzung dafür, dass diese Methode funktioniert, ist natürlich, dass Sie den Inhalt selbst begreifen. Denn nur dann können Sie anhand der Stichwörter die passenden Sätze bilden. Schließlich haben Sie sich den Vortrag ja auch nicht wortwörtlich auswendig gemerkt (die Gründe hierfür habe ich Ihnen weiter oben dargelegt) und müssen somit in der Lage sein, anhand der „Brückenpfeiler" (d.h. Stichwörter) Ihre gesamte Rede zu „bauen", was Ihnen mühelos gelingen sollte, wenn Sie die Materie beherrschen.

Manchmal ist es erforderlich, sich den Inhalt von ganzen Büchern zu merken. Dies ist zum Beispiel bei mündlichen literaturwissenschaftlichen Prüfungen der Fall. Um sich Bücher zu merken, müssen Sie genauso vorgehen wie bei Vorträgen. Der einzige Unterschied besteht darin, dass im Gegensatz zu Vorträgen bei Büchern der zu memorierende Inhalt bereits feststeht. Sie müssen sich lediglich die jeweiligen Schlüsselwörter heraussuchen.

Bereits die alten Griechen haben sich auf diese Weise lange Vorträge und Schriften gemerkt.

Das Merken von Nachrichten

Wenn Sie die täglichen Neuigkeiten und Nachrichten aus dem Gedächtnis heraus parat haben wollen, können Sie sie in der Form von Schlagzeilen bzw. Stichwörtern merken.

Fernsehnachrichten

Bevor Sie anfangen, sollten Sie über eine freie Merkliste verfügen, die über ausreichend viele Verknüpfungsstationen verfügt. 20 freie Merkstationen sollten für die wichtigsten Nachrichten eines Tages ausreichen.

Angenommen Sie verwenden ein Reisesystem für das Merken von Nachrichten: Als Erstes wird beispielsweise verkündet, dass die US-Streitkräfte einen neuen Bombenangriff auf eine bestimmte Stadt im Mittleren Osten gestartet haben. Verknüpfen Sie in diesem Fall ein amerikanisches Bomberflugzeug mit der ersten Verknüpfungsstation auf Ihrer Reiseroute. Stellen Sie sich zum Beispiel vor, wie so ein Flugzeug in die erste Merkstation hinein kracht oder darauf eine Bombe wirft. Dieses Bild reicht dann völlig aus. Die Details werden später beim Abrufen der Information von Ihrem Gehirn automatisch ergänzt. Falls Sie sich aber Details wie zum Beispiel die Uhrzeit der Angriffe merken wollen (wie Sie sich Uhrzeiten und Zahlen im Allgemeinen merken wird im Kapitel *Das Alphanummerik-System – Merken von Zahlen* besprochen), müssen Sie diese in Form von weiteren Bildern an das erste Merkbild anhängen.

Eine weitere Nachricht, die Sie sich unbedingt merken möchten, ist, dass der Castor-Zug von Demonstranten aufgehalten wurde. Nun verknüpfen Sie das Bild eines Zuges, aus dem ein Atompilz aufsteigt, mit der zweiten Verknüpfungsstation Ihres Merksystems.

So gehen Sie dann mit allen anderen Nachrichten vor, egal ob Weltpolitik, Film und Fernsehen, Sport oder Wetter. Wenn die Nachrichtensendung vorbei ist, sollten Sie Ihre Liste für Festigungszwecke nochmals durchgehen.

Denken Sie einfach der Reihe nach an die einzelnen Merkstationen, und Sie können den Inhalt der Nachrichten wiedergeben. Genauso wie bei einem Vortrag kommt es nicht darauf an, dass die Nachrichten wortwörtlich nacherzählt werden.

Zeitungsnachrichten

Zeitungsartikel sind auf eine bestimmte Weise aufgebaut. Sie haben eine Überschrift, einen einleitenden Absatz, der meistens fettgedruckt ist, ein Bild mit Untertitel und den Haupttextteil.

Es ist nicht unbedingt erforderlich, die gesamte Zeitung Seite für Seite zu lesen. Noch nicht einmal die einzelnen Artikel müssen komplett gelesen werden. Oft reicht es völlig aus, die Überschrift, den Untertitel zum Bild und den einleitenden Absatz zu lesen. In diesen Teilen verbergen sich nämlich die wichtigsten Informationen eines Artikels. Wenn Sie etwas mehr Zeit haben oder weitere Informationen benötigen, können Sie noch den letzten Absatz lesen, da dort meistens die zuvor im Hauptteil mitgeteilten Erkenntnisse nochmals zusammengefasst werden.

Auf diese Weise können Sie schon frühzeitig entscheiden, ob es sich für Sie lohnt, auch den Rest des Artikels, den Hauptteil, zu lesen, oder ob Ihnen die bisherigen Informationen ausreichen.

Das nötige Stichwort zum Verknüpfen mit der entsprechenden Merkstation werden Sie deshalb auch in so gut wie allen Fällen entweder der Überschrift oder dem einleitenden Absatz entnehmen können.

Gehen Sie so vor wie bei den TV-Nachrichten auch. Verwenden Sie wieder ein Merksystem, das groß genug ist, um alle Informationen erfassen zu können. Für die Größe der Merksysteme gilt der Grundsatz: Lieber ein zu großes Merksystem verwenden als ein zu kleines. Sonst müssten Sie nämlich noch ein zweites System verwenden, was nicht besonders effektiv wäre.

Radionachrichten

Das Merken von Radionachrichten ist etwas schwieriger, da Sie erstens nicht so viel Zeit haben wie bei der Zeitung und weil zweitens Informationen in bildhafter Form fehlen. Deshalb sollten Sie Merksysteme verwenden, die Sie ziemlich gut beherrschen, d.h. es sollte nicht mehr nötig sein, dass Sie über einzelne Verknüpfungsstationen nachdenken müssen. Diese sollten Sie wirklich blind beherrschen, so dass eine spontane Verknüpfung mit einer Informationseinheit jederzeit möglich ist.

Ansonsten gehen Sie genauso vor wie beim Merken von TV- oder Zeitungsnachrichten auch.

Das Merken von Witzen

Wohl jeder hat ein paar Witze auf Lager, der eine mehr, der andere weniger. Gerade wenn man einmal mit Freunden ausgeht oder auf Partys ist, hört man Witze, die man sich unbedingt merken möchte. Man nimmt es sich fest vor einen Witz zu behalten, doch schon erzählt eine andere Person den nächsten. Oft geht das Erzählen von Witzen reihum, einer folgt dem nächsten. Am nächsten Morgen oder ein paar Tage später wollen Sie unbedingt diesen tollen Witz, den Sie erst kürzlich gehört haben, erzählen. Doch er fällt Ihnen nicht mehr ein! Sie überlegen und überlegen und kommen einfach nicht mehr darauf. Manchmal kennen Sie noch einen Teil davon, und nur wenn Sie Glück haben, können Sie sich an den ganzen Witz erinnern. So bleiben von zehn Witzen, die Sie auf der Party gehört haben, vielleicht nur zwei im Gedächtnis hängen. Schade, finden Sie nicht?

Die meisten Menschen schätzen sich selbst als schlechte Witzeerzähler ein, obwohl sie gerne gut darin wären. Als Grund hierfür bekommt man immer wieder die folgende Aussage in irgendeiner Form zu hören: „Ich kann mir die Witze einfach nicht merken! Ich habe einfach ein schlechtes Gedächtnis (für solche Dinge)."

Sie, lieber Leser, sind aber nun in der glücklichen Lage zu wissen, dass dies kein Hindernis sein muss. Und wenn Sie den Inhalt eines Witzes mühelos abrufen können, werden Sie auch beim Erzählen sicherer werden. Das Witzeerzählen ist eine Kunst, die aber mit etwas Übung erlernt werden kann.

Wenn Sie sich einen Witz nur für die nächsten Tage merken wollen, reicht ein kleines Merksystem zum Speichern vorübergehender Daten völlig aus. Es wird pro Witz nur eine Merkstation verwendet. Suchen Sie die einzelnen Stichwörter heraus, auf die es ankommt, damit Sie den Witz später nachvollziehen können, und verknüpfen Sie sie mit Hilfe der Verkettungstechnik miteinander. Sie müssen lediglich das erste Stichwort mit der Merkstation Ihrer Merkliste verknüpfen.

Ich möchte Ihnen dies anhand eines kurzen Witzes demonstrieren, den ich kürzlich gehört habe (ich übernehme keine Haftung hierfür; ich verstehe durchaus, wenn Sie über diese Art Humor nicht lachen können):

Wohin geht ein Wal nach Feierabend? – In das Wa(h)llokal. (Ich gönne Ihnen eine kurze Pause um zu lachen...)

Die Bilder, die ich bei diesem Beispiel zur Verknüpfung verwenden würde, wären ein *Wal*, ein *Bartresen* und eine *Wahlurne*.

Angenommen ich würde das Zahl-Form-System verwenden, um mir diesen Witz kurzzeitig zu merken, und für die Nummer 1 hätte ich das Bild einer Fahne. Also stelle ich mir vor, wie ein *Wal* eine *Fahne* zu einem *Bartresen* trägt, wo er sie in eine *Wahlurne* hinein rammt, die zersplittert.

In den meisten Fällen werden Sie sich Witze dauerhaft merken wollen. Vielleicht möchten Sie ja sogar eine regelrechte Datenbank mit Witzen anlegen. Hierfür benötigen Sie dann ein entsprechend großes System, das zudem erweiterbar ist. Dazu eignet sich am besten die Gedächtnisdatenbank, die ich Ihnen im Kapitel *Das ProtoMistler-System – Ihre Gedächtnisdatenbank* vorstelle. Überspringen Sie jetzt aber nicht die nächsten Kapitel, da diese nämlich zum Verständnis dieses Systems unbedingt erforderlich sind. Wenn Sie das ProtoMistler-System beherrschen, können Sie dieses Kapitel nochmals durchlesen, wenn Sie das möchten.

Ich möchte Ihnen vorab dazu raten, sich die Witze zusätzlich noch aufzuschreiben, am besten in einer Tabelle eines Computerprogramms. Denn wenn Sie einige Zeit lang die Merklisten für Witze nicht mehr wiederholen, können diese in Vergessenheit geraten. Eine Wiederholung bzw. eine Überprüfung ist ab und zu notwendig, damit die Informationen dauerhaft im Gedächtnis bleiben.

Legen Sie mehrere Kategorien für unterschiedliche Witzarten an, und bestimmen Sie eine bestimmte Kapazität pro Kategorie (zum Beispiel 30 oder sogar 100 Witze pro Kategorie). Wählen Sie die Kapazität lieber zu hoch als zu niedrig, da ständig neue Witze erfunden werden und hinzukommen.

Sie können beispielsweise folgende Einteilung festlegen:
Kurze Fragewitze (s. obiges Beispiel)
Witze über andere Nationalitäten
Witze über Frauen
Witze über Männer
Witze, in denen Tiere vorkommen
„Unanständige" Witze
usw.

Wenn Sie dann wieder einmal auf einer Party sind und einen Witz hören, werden Sie unter Umständen sogar eine eigene Kategorie dafür anlegen. Schon nach ein paar Monaten oder sogar nur Wochen wird Ihre Witzedatenbank erheblich gewachsen sein.

VI.
Vokabeln &
Fremdwörter

Das Lernen von Vokabeln und Fremdwörtern

Wer möchte sich nicht beim Urlaub im Ausland gut verständigen können? Was macht man also? Richtig, die meisten kaufen sich einen Reiseführer, der ein Kapitel mit wichtigen Sätzen und einen Grundstock der wichtigsten Vokabeln enthält. Wenn man dann aber im Land ist und in die entsprechenden Situationen kommt, muss man den Reiseführer parat haben und auf die Schnelle den passenden Satz bzw. das richtige Wort finden. Und wenn man das Büchlein im Hotelzimmer liegen gelassen hat, ist man völlig aufgeschmissen und muss sich mit Händen und Füßen verständigen.

Um eine Sprache zu erlernen, bedarf es an Kenntnissen bezüglich Grammatik, Vokabular und den spezifischen kulturellen Gegebenheiten. Doch was nutzen einem die besten grammatischen Kenntnisse, wenn man nur eine Hand voll Wörter kennt? Aus diesem Grund ist das Erlernen von Vokabeln die Grundlage zur Beherrschung einer Fremdsprache.

Es gibt eine Reihe an Methoden, um sich Vokabular anzueignen. Die Techniken, die Sie im Folgenden erlernen werden, eignen sich sowohl für das Aneignen von Vokabeln für Urlaubszwecke als auch für Schüler, Studenten und Erwachsene, die ihren Wortschatz in einer Fremdsprache systematisch aufbauen wollen.

Ich habe meine Ausbildung zum Diplom-Übersetzer an der Johannes Gutenberg-Universität Mainz (am Fachbereich für angewandte Sprach- und Kulturwissenschaft in Germersheim) absolviert. Dort erfuhr ich von einem Freund, dass es einen Studenten gibt, der Ungarisch gelernt hat, indem er einfach ein Großwörterbuch auswendig lernte und sich erst dann mit dem Thema Grammatik beschäftigte! Dies ist natürlich ein extremes Beispiel, und beim Erlernen einer Fremdsprache sollte man einen Mittelweg wählen: das parallele Lernen von Vokabeln und Grammatik. Wenn Sie die Sprache dann mündlich im Ausland einsetzen möchten, sind ein guter Wortschatz und eine gute Aussprache aber wichtiger als eine perfekte Grammatik, da schließlich auch jeder Muttersprachler grammatikalische Fehler in seiner eigenen Sprache macht.

Allerdings brauchen Sie nicht ein komplettes Großwörterbuch auswendig zu lernen. Es gibt Bücher, die den Grund- und Aufbauwortschatz einer Sprache enthalten. Dabei handelt es sich in der Regel um ungefähr 5.000 Wörter. Man hat aber inzwischen festgestellt, dass es völlig ausreicht, die 1.000 Wörter des Grundwortschatzes zu erlernen. Man muss dann aber auch mit diesem Vokabular entsprechend gut umgehen können. Es ist nicht nötig jedes Wort zu kennen; man muss vielmehr mit dem Wortschatz, der einem zur Verfügung steht, in der Lage sein, seine Gedanken zu vermitteln.

Doch jetzt geht es weg von der puren Theorie hin zu konkreten Techniken, die das Erlernen von Vokabeln und Fremdwörtern auf äußerst effektive Weise erleichtern.

Verknüpfung mit Wörtern der eigenen Sprache

Jedes Wort einer Fremdsprache hört sich so ähnlich an wie ein anderes Wort in einer anderen Sprache. Nehmen wir beispielsweise das spanische Wort für Haus: *casa*. Stellen Sie sich vor, wie eine überdimensionale *Kasse* von oben auf ein Haus kracht. Sie könnten sich aber auch vorstellen, wie sich das Haus in eine Kasse verwandelt. Es ist nicht wichtig, dass das Wort *Kasse* vom Klang her nicht haargenau dem Wort *casa* entspricht. Es soll nur der Erinnerung dienen. Das Prinzip funktioniert auch in der umgekehrten Richtung. Wenn Sie irgendwo in Spanien sind und das Wort *casa* hören, wird Sie das an eine Kasse erinnern, die auf ein Haus fällt bzw. an die Szene, die Sie zum Merken dieses Wortes verwendet haben.

Ein weiteres Beispiel: Das Wort *Tisch* heißt im Spanischen *mesa*. Der spanische „S" wird gezischt ausgesprochen, eine Mischung zwischen dem deutschen „Sch" und „ß". Jetzt müssen Sie sich ein deutsches Wort überlegen, das so ähnlich klingt wie das spanische Wort *mesa*. Ich würde dabei gleich an *Messer* denken. Als Szene bzw. Bild zum Einprägen dieser Vokabel könnten Sie also ein großes Messer verwenden, dass Sie in einen Tisch rammen oder mit dem Sie einen Tisch gar durchschlagen.

Trotzdem möchte ich Sie auch hier wieder daran erinnern, dass es nicht ausreicht, dieses Wort nur einmal zu lernen, um es für immer im Gedächtnis zu behalten. Auch bei der Verwendung von Merktechniken sind Wiederholungen erforderlich. Allerdings ist der Aufwand bei weitem nicht mehr so groß.

Die Gedächtnisstadt

Diese Technik, die vom britischen Gedächtniskünstler Dominic O'Brien entwickelt wurde, ist zum systematischen und methodischen Lernen von Vokabeln geeignet, da Wörter in Gruppen regelrecht gespeichert werden. Allerdings ist dies auch mit etwas mehr Aufwand verbunden als die zuvor erläuterte Methode.

Die Methode ist ein Loci-System, d. h. vom Prinzip her funktioniert sie wie ein Reisesystem. Suchen Sie sich eine Stadt aus, in der Sie sich gut auskennen. Nun unterteilen Sie diese Stadt in drei Teile und verwenden jeden Teil für eine andere Wortart.

Die **Substantive** werden in der Innenstadt untergebracht. Die einzelnen Wörter, die Sie lernen möchten, werden dann in dem entsprechenden Bereich abgelegt, d. h. sie werden mit Verknüpfungsstationen im passenden Bereich assoziiert.

Beispiel: Das Merkbild für das Wort *Brot* wird in einer Bäckerei untergebracht. Brot heißt auf Spanisch *pan*. Sie können sich beispielsweise eine *Pan*flöte im Brotregal Ihrer Bäckerei vorstellen. Die Wörter, die mit dem Bankwesen zu tun haben, merken Sie sich mit Hilfe von Merkbildern in Ihrer Bank, Obst- und Gemüsesorten legen Sie in einem Gemüseladen ab, usw.

Adjektive werden in Park- und Grünanlagen untergebracht, da Eigenschaftswörter wie zum Beispiel rot, grün, duftend, usw. hervorragend mit Dingen assoziiert werden können, die sich dort befinden. So könnten Sie beispielsweise das spanische Wort für die Farbe *Weiß* (*blanco*) mit Gänseblümchen assoziieren, indem Sie Roberto *Blanco* auf einer Wiese weiße Gänseblümchen pflücken lassen.

Die **Verben** können schließlich mit Sporthallen und Sportplätzen verknüpft werden, weil man dort unterschiedliche Tätigkeiten ausübt: werfen, springen, laufen, rennen, hüpfen, klettern, schwimmen usw.

Dieses System ist natürlich mit mehr Aufwand verbunden, da Sie zuerst einmal Merkstationen in einer Stadt festlegen müssen. Zudem sollte die Anzahl an Verknüpfungsstationen ziemlich hoch sein, damit Sie genügend Vokabeln unterbringen können.

Die drei Einteilungsbereiche können aber noch weiter in thematische Gebiete untergliedert werden, zum Beispiel das Industriegebiet für Substantive, die mit der Geschäftswelt zu tun haben, der Friedhof für Begriffe zum Thema Leben und zum Tod, usw.

Das Merkstadtsystem wird normalerweise eher für professionellere Zwecke einge-setzt, da sich damit Vokabellisten gut einprägen lassen. Es hat allerdings den Nachteil, dass es manchmal etwas länger dauern kann, bestimmte Wörter abzurufen, da man erst einmal das Gebiet abgehen muss, um die jeweilige Merkstation zu finden. Es gibt aber viele Menschen, denen es einfach Spaß macht, in Gedanken an Orten zu verwei-len.

Wenn Sie nicht gerade ein Sprachforscher oder Übersetzer sind, ist das erst genannte System wahrscheinlich empfehlenswerter. Ein Vorteil des Stadtsystems ist allerdings, dass, wenn Sie mehrere Sprachen lernen, Sie für jede Sprache eine andere Stadt oder ein Dorf verwenden können. Bei dem vorher genannten System könnte es zu Ver-wechslungen zwischen den einzelnen Sprachen kommen.

Welche Methode Sie auch immer verwenden, das Erlernen von Fremdsprachen wird Ihnen damit auf jeden Fall wesentlich leichter fallen.

An dieser Stelle sei auch noch erwähnt, dass diese Techniken natürlich auch bei Fremdwörtern funktionieren.

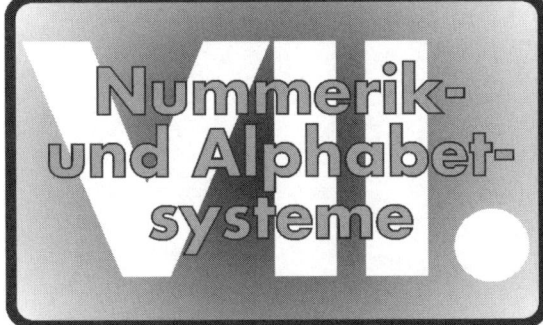

VII.
Nummerik- und Alphabet- systeme

Das Alphanummerik-System
– Merken von Zahlen

Jetzt kommen wir zu meinem Lieblingsteil dieses Buches: Das Merken von Zahlen wird von den meisten als das Schwierigste angesehen, da Zahlen etwas völlig abstraktes sind. Doch wir werden auch hier vom Prinzip her genauso vorgehen wie bei allen vorangegangenen Informationen auch. Wenn man Zahlen in Bilder umwandeln kann, ist es ein Leichtes, sie sich einzuprägen.

Das Umwandeln funktioniert auf einfache Weise und ist nur mit einem geringen Lernaufwand verbunden. Man braucht lediglich ein paar Regeln, eine Art Code. Für diesen Zweck habe ich das unten stehende Alphanummerik-System entwickelt.

Vielleicht sind Sie schon selbst darauf gekommen, aber mit den Kenntnissen, die Sie bisher erworben haben, könnten Sie bereits jetzt schon Zahlen in Bilder umwandeln. Wie? – Nein, Sie haben wirklich kein Kapitel verpasst oder überlesen. Sie verfügen nämlich bereits über drei Zehnersysteme, bei denen die Zahlen von 1 bis 9 durch Bilder repräsentiert werden, d.h. Sie können diese Zahlen bereits in Bilder umwandeln. Durch Aneinanderreihen der Bilder mit Hilfe der Verkettungstechnik könnten Sie somit auch höhere Zahlen als die von 1 bis 9 darstellen. So könnte die Zahl 15 beispielsweise durch eine Fahne (Bild des Zahl-Form-Systems für die Zahl 1) wiedergegeben werden, die von einer schwangeren Frau (Bild des Zahl-Form-Systems für die Zahl 5) getragen wird.

Zur Not könnten Sie auf diese Weise Zahlen in Bilder transformieren (die Null fehlt zwar noch, Sie könnten aber hierfür beispielsweise einen Ball als Symbol verwenden), doch diese Methode hat einige Nachteile. So könnte beim obigen Beispiel die Zahl ja auch 51 anstelle von 15 lauten, und bei Telefonnummern, bei denen man sich noch die Vorwahl dazu merken muss, müsste man etliche Zahlen und somit auch Bilder aneinanderreihen, was schnell zur Resignation führen kann.

Was wir brauchen, ist also ein System, mit dem man Zahlen in Zweier- oder sogar in Viererblöcke einteilen und dann in Bilder umwandeln kann.

Ich werde Ihnen dieses System schrittweise vorstellen. Sie brauchen am Anfang noch nicht gleich die komplette Funktionsweise zu verstehen. Konzentrieren Sie sich zunächst nur auf den jeweils aktuellen Schritt.

Wie Sie sich denken können, ist das Erlernen dieses Systems mit etwas Arbeit verbunden. Aber glauben Sie mir, die Mühe lohnt sich, und diese Technik bildet zudem die Grundlage für das ProtoMistler-System, mit dem Sie sich bis zu 13.000, theoretisch sogar 1.300.000 (!) Begriffe, Bilder, Namen, Adressen, Daten, etc. merken können, ohne dabei genauso viele Merkstationen zuvor auswendig lernen zu müssen.

Doch zunächst müssen Sie das Alphanummerik-System beherrschen, bei dem Sie Bilder für die Zahlen von 0 bis 99 lernen. Damit diese Aufgabe nicht allzu schwierig wird, liegen diesem System logische Regeln zugrunde, die es ziemlich einfach machen, diese Technik zu erlernen.

Beginnen wir also!

Schritt 1: Umwandeln der Zahlen in Buchstaben

Als Erstes müssen die Zahlen in Buchstaben umgewandelt werden. Ich habe Sie zwar in den vorigen Kapiteln immer dazu ermutigt, eigene Ideen und Bilder zu verwenden, aber bei diesem Schritt sollten Sie sich exakt an die Vorgaben halten, da das System sonst nicht funktionieren wird.

Viele Zahlen ähneln von der Optik her Buchstaben. So hat die 5 eine große Ähnlichkeit mit dem S, die 0 mit einem O, die 2 mit einem Z, usw.

Nachfolgend sehen Sie, wie die Zahlen in Buchstaben umgewandelt werden. Hinter einigen Zahlen sind mehrere Buchstaben aufgeführt. Lernen Sie in diesen Fällen alle aufgeführten Buchstaben.

Die **1** sieht aus wie ein großes **I** wie *Ida* oder ein kleines **l** wie im Wort *lieben*.

Wenn Sie die 1 so schreiben wie im Bild darunter dargestellt, hat sie Ähnlichkeit mit dem Buchstaben **J** wie in *Jade*. Merken Sie sich auch diese Umwandlungsart.

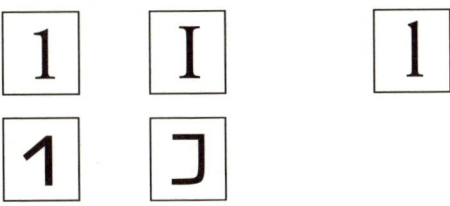

Die Zahl **2** sieht dem Buchstaben **Z** sehr ähnlich.

Wenn Sie direkt links an die Zahl **3** einen senkrechten Strich zeichnen, erhalten Sie den Buchstaben **B**.

Die Zahl **4** lässt sich je nach Schreibweise in den Buchstaben **A** oder **H** umwandeln. Lernen Sie auch hier wieder beide Umwandlungsarten.

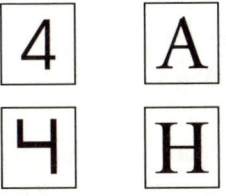

Die Zahl **5** sieht wie zuvor erwähnt wie ein **S** aus.

Wenn man den Bogen des großen **G** etwas weiterführt, so dass er abschließt, sieht der Buchstabe aus wie die Zahl **6**. Die 6 wird somit zum G.

Die Zahl 7 sieht in der deutschen Schreibweise (wie unten dargestellt) aus wie ein großes **F** oder ein kleines **t**. Sie brauchen sich übrigens nicht zu merken, ob der Buchstabe groß oder klein ist. Dies dient lediglich zur Veranschaulichung der Umwandlung. Maßgebend ist, dass Sie wissen, welche Zahl welche(n) Buchstaben ergibt.

Da das B leider bereits für die 3 vergeben ist, wird die **8** in ein **R** umgewandelt. Wenn man ein groß geschriebenes **X** mit zwei Bögen schließt, erhält man ebenfalls eine 8. Lernen Sie wie in allen anderen Beispielen auch beide Umwandlungsbuchstaben.

Wenn man die **9** nach rechts klappt, sieht sie fast genauso aus wie ein **P**.

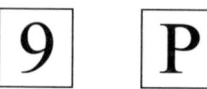

Lernen Sie nun die Umwandlungen der Zahlen in Buchstaben. Dies sollte nicht allzu lange dauern. Nehmen Sie sich hierfür ungefähr 5 bis 10 Minuten Zeit.

Schritt 2: Bildung von Wörtern (d.h. Merkstationen) anhand der umgewandelten Buchstaben

Mit den umgewandelten Buchstaben werden nun Wörter gebildet. Die Zahl 20 ergibt beispielsweise die Buchstaben Z und O. Nun wird mit diesen beiden Buchstaben ein Wort gebildet: *Zopf*. Dies ist das Bild für die Zahl 20.

Ein weiteres Beispiel: die Zahl 38. Die 3 ist ein B und die 8 wahlweise ein R oder ein X. Da es kein Wort in der deutschen Sprache gibt, das mit BX anfängt, wird BR verwendet, und somit kommen wir zum Wort *Brei*. Dies ist das Umwandlungsbild für die Zahl 38.

Auf diese Weise werden Wörter für die Zahlen von 0 bis 99 gebildet. Zur Bildung der Wörter müssen allerdings auch einige Regeln beachtet werden, um Verwechslungen und Überschneidungen zu vermeiden.

Oft lassen sich Wörter nicht mit den ersten beiden Buchstaben bilden. Ein Beispiel hierfür ist die Zahl 23. Sie werden kein deutsches Wort finden, das mit den Buchstaben *Zb* beginnt. In solch einem Fall wird zwischen die Konsonanten ein oder mehrere Vokale als Lückenfüller gestellt. Bei der 23 habe ich den Vokal *E* verwendet. Somit erhalten wir das Wort Z<u>e</u>bra. Es darf aber leider nur ein *E*, ein *U* oder ein entsprechender Umlaut bestehend aus diesen beiden Buchstaben als Lückenfüller eingefügt werden. Den Grund hierfür erkläre ich Ihnen wieder an der 23. Angenommen ich würde die Vokale AU einfügen, um das Wort *Zauberer* zu erhalten. Dieses Wort könnte dann nicht mehr für die Zahl 23 stehen, da der Buchstabe A bereits für die Zahl 4 vergeben ist. Das Wort *Zauberer* könnte also nur für die Zahl *24* stehen.

Aus diesem Grund dürfen nur Vokale eingesetzt werden, die nicht bereits anderweitig für das Umwandlungssystem vergeben sind, d. h. E und U oder Kombinationen davon (EU oder UE).

Wenn Sie diese Regeln beachten, werden Sie sich die folgende Liste leicht einprägen können. Es gibt auch Ausnahmen wie zum Beispiel gleich am Anfang bei der 00. Da kein Wort mit Oo oder Oeo bzw. Ouo beginnt, habe ich jeweils den Anfangsbuchstaben zweier Wörter verwendet: **O**zzy **O**sbourne. Die Verwendung von Anfangsbuchstaben ist in einigen anderen Fällen ebenfalls von Vorteil. Notfalls können Sie auch ein anderes Bild nehmen – die Hauptsache ist, dass Sie das Bild mühelos automatisch mit der entsprechenden Zahl in Verbindung bringen. So könnten Sie bei dem hier aufgeführten Beispiel auch eine Toilette (wegen 00) als Umwandlungsbild benutzen.

Schauen Sie sich zunächst die Liste an, bevor Sie sie sich merken. Ihnen wird sofort eine dritte Spalte auffallen. In dieser Spalte stehen sogenannte Verknüpfungszusätze. Ein Verknüpfungszusatz ist ein Begriff, den man mit dem Umwandlungsbild von der Logik her in Verbindung bringt.

Ich bringe hierzu am besten wieder Beispiele: Bei dem Umwandlungsbild *Luzifer* (Zahl 12) lautet der Verknüpfungszusatz *Hölle,* da man beim Teufel auch gleich an die Hölle denkt; *Obelix* (Zahl 03) bringt man immer mit *Asterix* in Verbindung und ein *Iglu* (Zahl 16) mit einem *Eskimo.*

Sie können sich entweder die jeweiligen Verknüpfungszusätze beim Erlernen der Umwandlungsbilder gleich mit einprägen oder zuerst alle Umwandlungsbilder hintereinander lernen und danach erst die zugehörigen Verknüpfungszusätze.

Die Verknüpfungszusätze haben folgende Bedeutung:
Angenommen, Sie müssen sich die Nummer 1648 merken. Für die ersten beiden Ziffern verwenden Sie die Zahl des Umwandlungsbildes, in diesem Fall also Iglu. Für den

zweiten Teil der Zahl verwenden Sie den Verknüpfungszusatz, hier einen *Panzer*, da dieses Bild der Verknüpfungszusatz für die Zahl 48 ist.

Somit können Sie sich Zahlen in Viererblöcken merken. Sie sehen zum Beispiel ein Iglu, auf dem sich ein Panzer um die eigene Achse dreht. Somit wissen Sie, wie die Nummer lautet. Das Iglu steht für die 16 und der Panzer für die 48. Die Nummer lautet also 1648.

Noch ein Beispiel – Sie haben sich die PIN-Nummer Ihrer Scheckkarte mit folgenden Bildern gemerkt: Eine riesige P̲usteblume, auf die Ihre Scheckkarte geschnallt ist, rutscht auf einer Bobbahn herunter. Die Pusteblume steht für die Zahl 95 und die Bobbahn ist der Verknüpfungszusatz für die Zahl 30. Somit muss die PIN Ihrer Scheckkarte 9530 lauten.

Mit dieser Methode können Sie sich vierstellige Zahlen in einer einzigen Szene, d.h. einem einzigen Bild merken. Wenn Sie das System gut beherrschen, ist dies ein Kinderspiel für Sie. Falls Ihnen das Erlernen der Verknüpfungszusätze allerdings zu aufwendig ist, können Sie auch einfach nur die Umwandlungsbilder erlernen. In diesem Fall müssen Sie allerdings beim Umwandeln und Merken großer Zahlen die Umwandlungsbilder aneinanderreihen.

Um dies einmal anhand des obigen Beispiels zu erklären, müssten Sie sich die Zahl 1648 so merken, indem Sie die Bilder *Iglu* und *Heer* miteinander verknüpfen. Sie werden jedoch feststellen, dass das Erlernen der Verknüpfungszusätze zusätzlich zu den Umwandlungsbildern sehr einfach ist, da sie mit den Umwandlungsbildern logisch in Verbindung stehen. Zudem machen die Zusätze das Umwandeln großer Zahlen einfacher, wie Sie später noch feststellen werden.

Doch nun geht es an das Lernen der Liste. Sie müssen die vorgegebenen Wörter nicht immer verwenden. Falls Sie sich ein Umwandlungsbild partout nicht merken können, erfinden Sie einfach ein eigenes Bild (dann müssen Sie aber auch einen passenden Verknüpfungszusatz dafür finden). Beachten Sie allerdings die oben genannten Regeln zur Wortbildung.

Da diese Liste recht lang ist, sollten Sie beim Erlernen schrittweise vorgehen, um sich nicht zu überfordern. Bedenken Sie, dass Sie sich bereits auf das Terrain erfolgreicher Gedächtniskünstler begeben. Es ist noch kein Meister vom Himmel gefallen, und so sollten Sie vielleicht am Tag zwischen 10 und 20 Umwandlungsbilder erlernen (Sie können die entsprechenden Verknüpfungszusätze gleich mit lernen). Wenn Sie sich mehr zutrauen und Ihnen ausreichend Zeit hierfür zur Verfügung steht, können Sie sich natürlich auch noch mehr Stationen am Tag einprägen. Vergessen Sie aber nicht, die bereits erlernten Bilder immer wieder zu wiederholen, damit sich die Bilder im Gehirn festigen.

Wenn Sie dieses System später einmal gut beherrschen, werden Sie ohne nachzudenken die Zahlen in die entsprechenden Bilder umwandeln; Sie werden Zahlen förmlich sehen können, ohne bewusst daran zu denken!

Sie werden im Laufe der Zeit erfahren, zu was Sie dank dieses Systems in der Lage sein werden.

Nr.	Umwandlungsbild/Verknüpfungsstation	Verknüpfungszusatz
00	Ozzy Osbourne [Ausnahme]	Fledermaus
01	Olympiade	Siegerkranz, Siegertreppe
02	Ozean	Leuchtturm
03	Obelix	Asterix
04	Ohr	Auge
05	Osterei	Osterhase, Osternest
06	OG (Obergeschoß) [Ausnahme]	Balkon
07	Ofen	Blech
08	Orgel	Kirche
09	Opal	Amulett
10	Jojo	Hand
11	Lippen	Lippenstift
12	Luzifer	Hölle
13	Iberer (Spanier)	Torero
14	Lasso	Cowboy
15	Island	Heiße Quelle
16	Iglu	Eskimo
17	Italien (Rom)	Papst
18	Irrer	Zwangsjacke
19	LP	Plattenspieler
20	Zopf	Haarband
21	Ziel	Wettrennen
22	Zick Zack [Ausnahme]	Wanderweg, Serpentinen
23	Zebra	Steppe
24	Zaun	Garten
25	Zeus	Herkules, Götterthron
26	Zug	Schienen, Bahnhof
27	Zettel	Zettelkasten
28	Zeremonie	Altar
29	Zepter	König
30	Bob	Bobbahn
31	Bier	Bierfass

Nr.	Umwandlungsbild/Verknüpfungsstation	Verknüpfungszusatz
32	Bezirzen	Frau/Mann
33	Bube	Steinschleuder
34	BH	Busen
35	Bestattung	Grab
36	Begonie	Blumentopf
37	Bett	Nachttisch
38	Brei	Teller
39	Bepacken	Esel
40	Hotel	Rezeption
41	Himmel	Engel
42	Hz (Frequenz, Schwingung)	Ton
43	Hebel	Maschine
44	Hanf	Feld
45	Husten	Hustensaft
46	Hügel	Maulwurf
47	Huf	Pferd
48	Heer	Panzer
49	Hüpfen	Trampolin
50	Soße	Topf
51	Silvesterparty	Feuerwerk
52	Seziermesser	Leichenhalle
53	Substanz	Labor
54	Seher/in	Glaskugel
55	Sessel	Kissen
56	Segel	Regatta
57	Stativ	Fotoapparat, Kamera
58	Sex	(Traum)partner/in
59	Spiegel	Eigenes Spiegelbild
60	Gold	Barren, Silber
61	Gift	Spritze
62	Gezeiten	Mond, Überschwemmung
63	Gebäck	Bäckerei
64	Gabelstapler	Kiste
65	Gespenst	Schloss
66	Gegacker	Hühnerstall
67	Gefangener	Ketten, Handschellen
68	Grube	Sand
69	Guppy (ein Zierfisch)	Aquarium
70	Tor	Fußballplatz
71	Fisch	Bach, Angler
72	FAZ [Ausnahme]	Kiosk
73	Februar	Valentinstag

Nr.	Umwandlungsbild/Verknüpfungsstation	Verknüpfungszusatz
74	Fehdehandschuh	Duell
75	Festhalle	Konzert
76	Fegen	Dreckschaufel
77	Futtertrog	Schwein
78	Frisör	Schere
79	Teppich	Teppichklopfer
80	Rollbraten	Knödel
81	Riese	Gnom
82	Rezept	Apotheke
83	Rebe	Wein
84	Rasen	Rasenmäher
85	Restaurant	Kellner
86	Regen	Regenschirm
87	Rute	Knecht Ruprecht
88	Rex (Hund bei Kriminalserie)	Kommissar
89	Reparaturwerkstatt	Mechaniker
90	Post	Briefkasten
91	Picknick	Korb
92	Puzzle	Puzzleschachtel
93	Publikum	Applaus
94	Panda	Eukalyptus
95	Pusteblume	Löwenzahn
96	Pegel(stand)	Öl, Wasser
97	Pfeife	Tabak
98	Priester	Nonne
99	Puppe	Puppenhaus

Natürlich müssen Sie wieder üben, damit die Verwendung dieses Systems zur Routine wird.

Übung

Wandeln Sie die folgenden vierstelligen Zahlen um, und prägen Sie sie ein. Sie sollten die Zahlen nach Möglichkeit mit einer kleinen, freien Merkliste verknüpfen. Denken Sie auch hier wieder an die vier Eckpfeiler erfolgreichen Memorierens. Je verrückter und außergewöhnlicher die Bilder sind, um so besser.

2324   1984   8774
6254   9945   3508

Auf diese Weise ist auch das Merken von Telefonnummern ein Spaß. Wie das genau funktioniert, zeige ich Ihnen im nächsten Kapitel.

Zuvor möchte ich Sie aber auf einen weiteren wichtigen Zweck dieses Systems hinweisen. Es dient nämlich nicht nur zum Merken von Nummern.

Die hundert Umwandlungsbilder, die Sie jetzt haben (ich habe die Verknüpfungszusätze einmal weggelassen), können Sie nämlich auch als Verknüpfungsstationen verwenden, d.h. Sie haben somit auch gleichzeitig eine 100er-Liste.

Mit dieser Liste könnten Sie sich beispielsweise einen Vortrag einprägen. Verknüpfen Sie einfach das erste Stichwort mit dem Bild für 01 (Olympiade), das zweite Stichwort mit dem Bild für die Zahl 02 (Ozean), usw.

Es ließe sich so auch eine Einkaufsliste mit 100 Artikeln merken. Allerdings bezweifle ich, dass Sie jemals so viele Artikel auf einmal kaufen müssen...

Im Kapitel *Das ProtoMistler-System – Ihre Gedächtnisdatenbank* werde ich Ihnen zeigen, wie Sie auf einfache Weise aus dieser 100er-Liste eine 13.000er- bzw. eine 1.300.000er-Liste machen können.

Doch zuerst einmal sollten Sie sich mit den nachfolgenden Kapiteln beschäftigen, damit Sie die nötige Übung zu dieser Merktechnik bekommen.

Anwendungsbereiche für Zahlen

ch werde Ihnen nachfolgend einige der zahlreichen Anwendungsbereiche zum Merken von Zahlen aufführen; es werden Ihnen bestimmt viele weitere Anwendungsgebiete einfallen.

Das Merken von Telefonnummern

Dies ist zweifelsohne neben dem Merken von Namen einer der populärsten Anwendungsbereiche. Anhand der Beispiele und Übungen des vorherigen Kapitels verfügen Sie bereits über die wichtigsten Kenntnisse hierfür. Es müssen lediglich noch ein paar Details abgeklärt werden. Wenn Sie sich eine Telefonnummer merken, sollten Sie zuerst einmal die Nummer in Bilder umwandeln und diese dann mit der entsprechenden Person, Firma, Institution, etc. verknüpfen.

Das Umwandeln einer **vierstelligen Telefonnummer** beherrschen Sie ja bereits schon (s. vorhergehendes Kapitel). Ist die Telefonnummer **fünfstellig**, hängen Sie einfach an die vierstellige Zahl des Alphanummerik-Systems noch ein Einzelbild an. Hierfür können Sie ein Symbol von einer Ihrer 10er-Listen verwenden.

Beispiel

Ihr bester Freund hat die Telefonnummer 47119. Sie unterteilen also die Zahl in den Viererblock 4711 und die Einzelzahl 9. Dies entspräche den folgenden Bildern: Ein großes Hufeisen, das mit Lippenstift bemalt ist, und ein Luftballon (das Bild des Zahl-Form-Systems für die Zahl 9).

Jetzt müssen Sie die Bilder nur noch mit Ihrem besten Freund verknüpfen. Stellen Sie sich vor, wie Ihr bester Freund (Sie können ihn sich dabei in seiner Wohnung vorstellen, da diese gewohnte Umgebung Sie zusätzlich an ihn erinnern wird) ein übergroßes Hufeisen mit leuchtend rotem Lippenstift bemalt. Da das riesige Hufeisen so schwer ist, dass er es fast nicht halten kann, hat er einen mit Gas gefüllten bunten Luftballon daran befestigt.

Bei einer **sechsstelligen** Telefonnummer hängen Sie an die vierstellige Zahl einfach wieder eine zweistellige Zahl (d.h. das Umwandlungsbild) des Alphanummerik-Systems an.

Beispiel
....

Die Telefonnummer Ihres Onkels lautet 217203. Als Erstes zerlegen Sie die Nummer in die Zahlen 2172 und 03. Der erste Teil ergibt als Bild beispielsweise eine *Zielgerade*, an der ein *Kiosk* steht. Der Verkäufer, der im Kiosk sitzt, ist *Obelix*, der für die Zahl 03 steht. Nun müssen Sie das alles nur noch mit Ihrem Onkel verknüpfen. Sehen Sie vor Ihrem geistigen Auge, wie Ihr Onkel schnaufend an der Zielgeraden steht, und überrascht ist, dort einen Kiosk vorzufinden, dessen Verkäufer Obelix ist. So einfach ist es, sich eine sechsstellige Zahl zu merken!

Bei **längeren Nummern** müssen Sie lediglich weitere Bilder dazu knüpfen. Eine achtstellige Nummer wird einfach in zwei Viererblöcke und eine siebenstellige Nummer in einen Viererblock, einen Zweierblock und eine Einzelzahl zerlegt.

Wenn Sie sich eine Mobilfunknummer merken, können Sie die beiden ersten Ziffern weglassen, da alle Handynummern mit den Ziffern 01 beginnen. Dadurch ist die normalerweise 11 Ziffern lange Nummer nur noch 9 Ziffern lang und lässt sich in zwei Viererblöcke und eine Einzelziffer einteilen.

Fangen Sie gleich an, das Alphanummerik-System einzusetzen. Sie können sich nachfolgend bis zu zehn Telefonnummern aufschreiben, die Sie sich merken möchten.

Name: Telefonnummer:

_____   _____

_____   _____

_____   _____

_____   _____

_____   _____

_____   _____

_____   _____

_____   _____

_____   _____

Das Merken von Geheimnummern

PIN-Nummern von Scheckkarten bestehen normalerweise nur aus 4 Ziffern. Dies sollte nun für Sie keine Schwierigkeit mehr darstellen. Ein einziger Viererblock genügt.

Wenn Sie mehrere Scheckkarten oder sowohl eine EC-Karte als auch eine Kreditkarte besitzen, müssen Sie die Bilder, welche die beiden Karten repräsentieren, voneinander unterscheiden. Sie können sich zum Beispiel die EC-Karte gemeinsam mit einer Europafahne vorstellen. Für die Kreditkarte brauchen Sie dann kein Unterscheidungsmerkmal mehr.

Sie können sich die ganze Szenerie, mit der Sie sich die PIN-Nummern einprägen, in einem Bankgebäude vorstellen.

Im Fall von Geheimnummern rate ich Ihnen nicht dazu, diese in irgendeinem Buch zu notieren, da sonst vielleicht Unbefugte daran gelangen könnten.

Das Merken von Geburtsdaten und Jahrestagen

Verwenden Sie als Bild für einen Geburtstag eine Geburtstagstorte. Möchten Sie sich das Geburtsdatum einer Person einprägen, brauchen Sie lediglich eine vierstellige Zahl und eine Geburtstagstorte mit der entsprechenden Person zu verknüpfen. Das Geburtsjahr werden Sie in den meisten Fällen nicht benötigen.

Die ersten beiden Ziffern reichen von 01 bis 31 (für den Tag) und die beiden letzten Ziffern von 01 bis 12 (für den Monat). Falls Sie sich trotzdem zusätzlich das Geburtsjahr merken möchten, benötigen Sie dafür noch einen Zweierblock.

Angenommen, eine Freundin hat am 10. Juni Geburtstag. Die 10 ist ein *Jojo* und der Verknüpfungszusatz für die Zahl 06 ein *Balkon*. Stellen Sie sich einfach vor, wie Ihre Freundin auf dem Balkon steht und von dort ein Jojo herunterausen lässt, das, wenn es unten ankommt, auf eine Geburtstagstorte klatscht.

Auf die gleiche Weise können Sie sich zum Beispiel Ihren Hochzeitstag oder andere Jubiläen merken.

Nachfolgend haben Sie die Möglichkeit, sich bis zu zehn Geburtstage aufzuschreiben, die Sie sich merken möchten.

Name: Geburtsdatum:

_____   _____

_____   _____

_____   _____

_____   _____

_____   _____

_____   _____

_____   _____

_____   _____

Das Merken von Uhrzeiten

Wenn Sie die Aufgabenlisten und Kalendersysteme verwenden, die ich Ihnen am Anfang dieses Buches vorgestellt habe, tritt früher oder später der Fall ein, dass Sie sich eine Uhrzeit für ein Treffen merken müssen.

Für die Stunden benötigen Sie die Umwandlungsbilder von 00 bis 23 des Alphanummerik-Systems.

Bei den Minuten reicht es häufig aus, wenn Sie ausdrücken können, dass es Viertel nach, halb, oder Viertel vor einer bestimmten Stunde ist, d. h. es genügt, die Verknüpfungszusätze für die Zahlen 15, 30 und 45 zu beherrschen. Wenn Sie dann zum Beispiel einen Termin um 14:23 Uhr haben, verwenden Sie den Verknüpfungszusatz für die Zahl 15, da man lieber irgendwo früher ist als dass man zu spät kommt. Bei den vollen Stunden brauchen Sie keinen Verknüpfungszusatz.

Für den Fall, dass bei Ihnen ein Termin den nächsten jagt und es wirklich auf jede Minute ankommt, ist die Beherrschung der Verknüpfungszusätze von 01 bis 59 unter Umständen erforderlich.

Sie haben gelernt, sich Zahlen jeglicher Art und Größe einzuprägen. Das Merken von Kontonummern, Bankleitzahlen, usw. funktioniert auf die gleiche Weise wie das Einprägen der oben gezeigten Zahlen.

Setzen Sie das System gleich in die Tat um. Nutzen Sie es, wo Sie nur können. Wenn Sie anfangs noch Zweifel haben, werden diese sich schon ziemlich bald zerstreuen, sobald Sie einmal gesehen haben, wie effektiv und einfach dieses System funktioniert.

Vielleicht ist Ihnen der Gedanke schon gekommen: Was ist, wenn ich mir ein Autokennzeichen merken möchte oder sogar muss (im Falle eines Unfalls mit Fahrerflucht)? Dort kommen nämlich auch Buchstaben vor. Für diesen Zweck zeige ich Ihnen im nächsten Kapitel ein kleines und einfaches System, mit dessen Hilfe Sie einzelne Buchstaben in Bilder umwandeln können, und das Ihnen zudem eine weitere Liste mit 26 Verknüpfungsstationen verschafft.

Das internationale Buchstabieralphabet

Alfa Lima Lima Echo Santiago
Kilo Lima Alfa Romeo?

Manchmal ist es nützlich, sich einzelne Buchstaben bildhaft vorstellen zu können. Zum Beispiel zum Behalten von Autokennzeichen. Mit Hilfe des nachfolgenden Merksystems können Sie dies tun. Außerdem bildet es die Grundlage für die Technik zum Einprägen von Schachfiguraufstellungen (wenn Sie also die Fähigkeit des Gedächtniskünstlers, der bei der Fernsehsendung „Wetten dass?" auftrat und dort Wettchampion wurde, ebenfalls haben möchten, sollten Sie weiterlesen).

Zum Umwandeln von Buchstaben in Bilder verwende ich das internationale Buchstabieralphabet, da die deutsche Version hauptsächlich aus Namen besteht (Anton, Berta, Ida, usw.), und die meisten werden nicht alle dort vorkommenden Namen in ihrem Bekanntenkreis finden können.

Nachfolgend also das internationale Buchstabieralphabet, dessen Wörter für Sie sowohl als Umwandlungsbilder für Buchstaben als auch als Verknüpfungsstationen fungieren können. In einigen Fällen habe ich in die dritte Spalte Vorschläge für Bilder eingetragen.

Buchstabe	Umwandlungsbild	Bildvorschlag
A	Alfa	Alfa Romeo
B	Bravo	Beifall einer Menschenmenge
C	Charlie	Drei Engel für Charlie
D	Delta	Nildelta
E	Echo	
F	Foxtrott	
G	Golf	
H	Hotel	
I	India	
J	Juliett	Julia (von Romeo und Julia)
K	Kilo	eine Waage
L	Lima	typischer Peruaner mit Poncho
M	Mike	Michael Jackson; ein Mikrofon

N	November	
O	Oscar	
P	Papa	
Q	Quebec	ein kanadischer Mountie
R	Romeo	
S	Santiago	Santiago de Chile – eine Chilibohne
T	Tango	
U	Uniform	
V	Victor	
W	Whisky	
X	X-Ray	englisch für Röntgenstrahlen
Y	Yankee	ein amerikanischer Cowboy
Z	Zoulou	ein afrikanisches Stammesmitglied

Nachdem Sie sich diese Liste gemerkt haben, können Sie nicht nur einzelne Buchstaben in Bilder umwandeln und verfügen über eine 26er-Liste, Sie beherrschen dann zudem das offizielle Buchstabieralphabet, das von Amateurfunkern und im sonstigen globalen Funkverkehr täglich eingesetzt wird.

Das Merken von Autokennzeichen

Ich hatte weiter oben bereits das Unfallszenario mit Fahrerflucht beschrieben. In solch einem Fall ist dieses System äußerst nützlich.

Angenommen Sie müssen sich das Nummernschild eines dunkelblauen PKW aus Karlsruhe merken. Das Autokennzeichen beginnt also mit *KA*. Die entsprechenden Bilder hierfür sind *Kilo* und *Alfa*. Stellen Sie sich beispielsweise das dunkelblaue Auto in der linken Waagschale einer überdimensionalen *Waage* (Bild für *Kilo*) vor. In der rechten Waagschale steht ein *Alfa Romeo*.

Angenommen der Buchstabe nach dem Strich ist ein *P*. Das Umwandlungsbild hierfür ist das Wort *Papa*. Sie können zum Beispiel eine Szenerie erschaffen, in der Ihr Vater an der Waage steht und die Gewichte der jeweiligen Autos abliest.

Jetzt folgen die Zahlen. Wie diese umgewandelt und verknüpft werden, haben Sie ja bereits im vorhergehenden Kapitel gelernt.

Wie Sie sehen konnten, ist auch das Umwandeln und Merken von Autokennzeichen nicht besonders schwierig. Und je mehr Sie die einzelnen Techniken einsetzen, um so leichter wird Ihnen ihre Anwendung fallen. Sie brauchen nur die nötige Phantasie. Nehmen Sie sich ein Beispiel an Kindern, die ihrer Phantasie freien Lauf lassen und Spaß daran finden.

Bei den meisten Erwachsenen ist der Einsatz von Phantasie im Laufe der Zeit leider verkümmert. Dabei erfüllt es einen wichtigen Zweck – es regt die Aktivität der häufig vernachlässigten rechten Gehirnhälfte an. Beide Gehirnhälften zu verwenden ist sehr wichtig, und durch den Einsatz von Merktechniken wird dies gefördert, d. h. mit anderen Worten das Merken mit Hilfe von Bildern ist gesund und erhöht Ihre Intelligenz. Die linke Gehirnhälfte ist dabei für die Logik und Ordnung der Information zuständig und die rechte Gehirnhälfte für die Bilder, Gefühle und alle anderen Sinne.

Mit Hilfe des internationalen Buchstabieralphabets können Sie sich auch die Figuraufstellung auf einem Schachbrett merken. Wie dies im Genauen funktioniert, erfahren Sie im Kapitel „*Wetten, dass Sie es schaffen?"– Das Merken von Schachfiguraufstellungen*‘, zu dem Sie direkt springen können, wenn Sie das wollen. Ich empfehle Ihnen jedoch, noch weiterzulesen, um noch etwas mehr Übung zu bekommen und weitere Systeme, Techniken und Anwendungsbereiche kennen zu lernen.

Anwendungsbereiche

Neben den oben aufgeführten Anwendungsbereichen gibt es natürlich noch zahlreiche andere. Mit Hilfe dieser Technik lassen sich beispielsweise auch Straßenpläne und Landkarten gut lernen. Mehr hierzu im Kapitel zum Einprägen von Schachfiguren.

Vergessen Sie bitte nicht, dass Ihnen nun auch 26 Merkstationen zur Verfügung stehen. Diese 26er-Liste verwende ich zum Beispiel, wenn ich einkaufen gehe. Es ist selten, dass ich mehr als 26 Artikel einkaufe. Und falls doch, wende ich einfach den Verdopplungstrick an, der es mir ermöglicht, die Kapazität einer Merkliste auf einfache Weise zu verdoppeln.

Der Verdopplungstrick – So verdoppeln Sie die Kapazität jeder Merkliste

Dieser Trick ist so einfach, dass er in wenigen Sätzen erklärt werden kann: Sie merken sich pro Merkstation an Stelle von einem Gegenstand einfach zwei Gegenstände, die Sie miteinander verknüpfen.

Beispiel

Sie möchten das Buchstabieralphabet als Einkaufsliste verwenden. Sie kaufen dieses Mal für ein großes Familienfest ein, das Sie organisieren, und aus diesem Grund reichen Ihnen die 26 Verknüpfungsstationen nicht aus. Also wenden Sie den Verdopplungstrick an.

Angenommen die zwei ersten Artikel, die Sie kaufen möchten, sind Baguettes und Pilze. Verknüpfen Sie beide Artikel mit der ersten Merkstation. Sie sitzen in einem *Alfa Romeo* und strecken Ihre Hand durch das Fahrerfenster heraus, in der Sie ein *Baguette* halten. Auf dem Baguette balancieren Sie aber noch zusätzlich einen riesengroßen *Pilz*.

Die nächsten beiden Artikel verknüpfen Sie dann mit dem der zweiten Merkstation, *Bravo*.

Den Verdopplungstrick können Sie auch beim Einprägen von Kartenstapeln verwenden. Mehr hierzu im übernächsten Kapitel.

VIII. Zwischen-stand

Ein Zwischenstand – Was Sie bereits können

An dieser Stelle möchte ich kurz innehalten. Die Techniken, die Sie bis hierhin gelernt haben, werden den meisten Menschen ausreichen, um so gut wie alle Aufgabenbereiche des täglichen Lebens zu erleichtern. Sie sind nun in der Lage, sich alles zu merken, was Sie wollen: Wochen- und Monatspläne, Aufgabenlisten, Einkaufslisten, Namen von Personen, Telefonnummern, Geburtsdaten, Autokennzeichen, Kennwörter und -nummern, Vokabeln und Fremdwörter und vieles mehr.

Sie haben gelernt, dass sich jede Art von Information merken lässt; sie muss lediglich in ein Bild umgewandelt werden. Die einzige Grenze ist Ihre Vorstellungskraft, und die wird durch die Techniken, die Sie erlernt haben, und durch die Übungen, die Sie gemacht haben, inzwischen praktisch grenzenlos sein.

Apropos grenzenlos: Einige Leser werden sich vielleicht die Frage gestellt haben, ob es denn nicht „gefährlich" ist, das Gehirn mit zu vielen Informationen zu „beladen". Diese Leser kann ich beruhigen, denn Wissenschaftler haben festgestellt, dass die Kapazität des Gehirns so gut wie unendlich groß ist. Selbst wenn Sie sich in jeder Sekunde Ihres Lebens 10 Informationen dauerhaft merken würden, hätten Sie am Ende Ihres Lebens nur einen winzigen Bruchteil des Gehirns ausgenutzt. Auch der Mythos, dass durch das Merken von Informationen andere Informationen im Gedächtnis ausgelöscht werden, um den neuen Daten Platz zu machen, wird somit widerlegt. Was zählt, ist nämlich nicht nur die Anzahl der Gehirnzellen (und selbst die ist überwältigend), sondern die Anzahl der möglichen Verknüpfungen zwischen den Gehirnzellen. Und diese erhöht sich, wenn das Gehirn entsprechend genutzt wird. Also keine Sorge – Ihnen sind absolut keine Grenzen gesetzt!

In den nachfolgenden Kapiteln werden größtenteils Techniken und Anwendungen vorgestellt, die Sie höchstwahrscheinlich nicht in Ihrem täglichen Leben benötigen werden; trotzdem sollten Sie sich zumindest einmal kurz damit beschäftigt haben, da sie Ihnen vielleicht Spaß machen und vor allem, weil sie eine sehr gute Übung für ihr Gehirn darstellen, das ja genauso wie ein Muskel trainiert werden muss.

Der wichtigste Teil stellt vor allem das ProtoMistler-System dar, das ich entwickelt habe, um Ihrem Gehirn eine Datenbank zum Speichern von Informationen zur Verfügung zu stellen. Ihr Gehirn wird somit zum Computer.

Das ProtoMistler-System ermöglicht das Memorieren von bis zu 1.300.000 Informationseinheiten, ohne dabei ebenso viele Merkstationen lernen zu müssen.

Außerdem zeige ich Ihnen, wie auch Sie das Kunststück des Gedächtniskünstlers vollbringen können, der Wettchampion bei der Sendung „Wetten dass?" wurde.

Also, nutzen Sie die Gelegenheit, und tun Sie Ihrem Gehirn etwas Gutes. Sie werden es nicht bereuen!

IX.

Kartenstapel

Das Merken von Kartenstapeln

Viele deutsche Autoren von Büchern zum Thema Gedächtnis und Gedächtnis-
verbesserung erwähnen zwar, dass man sich mit Hilfe von Merktechniken die
Reihenfolge von durcheinander gemischten Kartenstapeln einprägen kann,
doch fast keiner zeigt, wie dies im Konkreten funktioniert.

Ich möchte gerne mit dieser unfreundlichen „Tradition" brechen und werde Sie nun
im Folgenden in das Geheimnis des Kartenmemorierens einweihen. Und auch hier
wird die gleiche Taktik wie immer angewandt: Die Karten werden in Bilder umgewandelt. Sie brauchen also nur noch Bilder, welche die einzelnen Karten repräsentieren, und mit deren Hilfe Sie sich die Reihenfolge einprägen können. Die Wörter für
die Merkbilder ergeben sich aus dem Anfangsbuchstaben der Kartenfarbe (also **K**aro,
Herz, **S**chippe oder **T**reff) und dem Zahlenwert, der mit Hilfe des Alphanummerik-Systems in einen Buchstaben umgewandelt wird. Beispiel: Bei der Karte **Herz 3**
hat man den Anfangsbuchstaben **H** und den Zahlenwert **3**. Die 3 ist im Alphanummerik-System ein B. Somit erhält man die beiden Buchstaben **HB**, aus denen mit den
Regeln des Alphanummerik-Systems ein Wort gebildet wird: H̲e̲b̲el.

Auf diese Weise werden alle Merkbilder gebildet.

Karo			Herz		
K 2	–	K̲Z̲	H 2	–	H̲z̲
K 3	–	K̲übel	H 3	–	H̲e̲b̲el
K 4	–	K̲a̲lb	H 4	–	H̲a̲nf
K 5	–	K̲e̲ssel	H 5	–	H̲usten
K 6	–	K̲e̲gel	H 6	–	H̲ügel
K 7	–	K̲e̲fir	H 7	–	H̲uf
K 8	–	K̲r̲abbe	H 8	–	H̲e̲er
K 9	–	K̲upfermünze	H 9	–	H̲üpfen
K10	–	K̲i̲ssen*	H10	–	H̲i̲mmel*
K B	–	K̲aro	H B	–	H̲erz
K D	–	K̲u̲damm (Kurfürstendamm)	H D	–	H̲u̲delei
K K	–	K̲e̲ks	H K	–	H̲eukasten
K As	–	K̲asten	H As	–	H̲ase

Pik			**Treff (Kreuz)**		
P 2	–	Puzzle	T 2	–	TZ (Tageszeitung)
P 3	–	Publikum	T 3	–	Teebeutel
P 4	–	Panda	T 4	–	Talisman
P 5	–	Pusteblume	T 5	–	Tesafilm
P 6	–	Pegelstand	T 6	–	Tegernsee
P 7	–	Pfeife	T 7	–	Tetrapack
P 8	–	Priester	T 8	–	Tracht
P 9	–	Puppe	T 9	–	Teppich
P10	–	Picknick*	T10	–	Tisch*
P B	–	Schippe	T B	–	Kreuz
P D	–	Pudding	T D	–	Teddybär
P K	–	Pekinese	T K	–	Tukan
P As	–	Paste	T As	–	Tasse

Für den **Joker** können Sie sich einen Hofnarren, einen Jongleur oder ein anderes Bild Ihrer Wahl vorstellen.

Ungefähr die Hälfte der Bilder ist Ihnen bereits vom Alphanummerik-System her bekannt. Deshalb müssen Sie nur noch ungefähr 26 neue Bilder lernen. Die Karten mit der Zahl 10 (die entsprechenden Bilder sind mit einem * gekennzeichnet) werden aus Gründen der Einfachheit so behandelt als ob die Zahl 1 darauf stünde, d.h. die Null wird vernachlässigt. Dies stellt kein Problem dar, da es ja keine Karten mit der Zahl 1 gibt, mit denen sie verwechselt werden könnten.

Als Bild für den Buben werden immer die Symbole der jeweiligen Kartenfarbe verwendet, also Karo, Herz, Schippe (Pik) und Kreuz. Für die Farbe Kreuz habe ich übrigens den Begriff Treff verwendet, da der Buchstabe K bereits von *Karo* eingenommen wurde. Der Buchstabe D seht für Dame, B für Bube und das K an zweiter Position für König. So bedeutet beispielsweise HD Herz Dame oder KK Karo König.

Um sich die Reihenfolge eines durcheinander gemischten Kartenstapels zu merken, müssen Sie einfach das jeweilige Bild für die Karte mit einer Verknüpfungsstation eines Merksystems verknüpfen, das groß genug ist, dass 52 Spielkarten plus Joker untergebracht werden können.

Ich selbst habe unterschiedliche Systeme dafür ausprobiert und bin zu dem Schluss gekommen, dass sich für mich Reisesysteme am besten eignen. Es lassen sich durch den Verdopplungstrick bequem zwei Karten pro Merkstation unterbringen, so dass die Reiseroute nicht zu lang zu sein braucht. Wenn Sie die Joker weglassen, reicht auch das Buchstabieralphabet.

Wenn Sie das Alphanummerik-System verwenden, werden Sie sogar die Karten pro Position wiedergeben können. Sie können zum Beispiel sagen, dass die 37. Karte das Herz As war. Sie könnten die Reihenfolge dann auch rückwärts wiedergeben oder nur die Karten von 15 bis 25. Alle Kombinationen wären möglich. Falls Sie allerdings das Alphanummerik-System wirklich verwenden, sollten Sie beachten, dass einige Bilder doppelt vorkommen, da ja ungefähr die Hälfte der Bilder für die Karten vom Alphanummerik-System entliehen wurden. Trotzdem sollte es keine größeren Probleme geben, Sie müssen dann nur etwas wachsamer sein.

Ich empfehle Ihnen, diesen Kartentrick mit allen Systemen einmal auszuprobieren, damit Sie sehen, was Ihnen am meisten liegt.

Übung

Damit Sie jetzt nicht gleich aufstehen müssen, um nach einem Kartenspiel in Ihrem Haus zu suchen, können Sie folgende Übung durchführen: Merken Sie sich mit einem Merksystem Ihrer Wahl die Reihenfolge der folgenden 52 Karten:

1.	K D	14.	K 10	27.	P 2	40.	T 8
2.	H B	15.	P B	28.	P 6	41.	T 9
3.	K 8	16.	P K	29.	T 6	42.	K 2
4.	P As	17.	H D	30.	K B	43.	K As
5.	H 7	18.	P 3	31.	K 4	44.	P 5
6.	K 6	19.	K 5	32.	T 10	45.	T 7
7.	H As	20.	T As	33.	P 4	46.	P 10
8.	T 2	21.	H 8	34.	P 7	47.	K 3
9.	H 2	22.	T D	35.	T K	48.	K 7
10.	K B	23.	H 5	36.	H 3	49.	T 3
11.	P D	24.	K 9	37.	P 9	50.	H 6
12.	H 9	25.	H 4	38.	H K	51.	T 4
13.	H 10	26.	T 5	39.	K K	52.	P 8

Das Memorieren von Kartenstapeln eignet sich hervorragend, um Freunde und Bekannte mit Ihren Gedächtnisfähigkeiten zu beeindrucken.

Ich persönlich merke mir nach Möglichkeit so gut wie jeden Tag einen Kartenstapel, einfach nur um mein Gehirn auf Trab zu halten. Es ist eine hervorragende Übung für beide Gehirnhälften. Außerdem festigen sich durch häufiges Üben die Verknüpfungsstationen Ihrer Merksysteme in Ihrem Gedächtnis.

Anfangs wird es Ihnen wahrscheinlich nicht gleich gelingen alle Karten zu behalten, d.h. sie werden unter Umständen noch einige Fehler machen. Doch nach ein paar Kartenstapeln werden sich Ihre Fähigkeiten verbessern, und schließlich werden Sie in der Lage sein, alle Karten in der korrekten Reihenfolge wiederzugeben. Als nächste Herausforderung können Sie dann die Geschwindigkeit des Memorierens erhöhen. Die besten Gedächtniskünstler der Welt sind in der Lage sich die Reihenfolge eines gemischten Kartenstapels in weit unter einer Minute zu merken.

Doch zunächst einmal sollten Sie sich darauf beschränken, sich die Reihenfolge der Karten überhaupt einmal merken zu können, bevor Sie höhere Ziele anstreben.

Das ProtoMistler-System

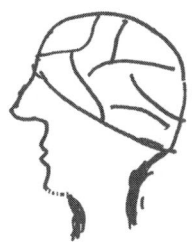

Ihre Gedächtnisdatenbank – Das ProtoMistler-System

Mit dem Alphanummerik-System stehen Ihnen 100 Merkstationen zur Verfügung. Sie können sich damit also maximal 100 Informationen dauerhaft merken.

Angenommen Sie wollten aber nun die Hauptstädte aller Länder der Welt lernen. Da es 196 Länder gibt, wäre dieses System überlastet. Mit dem Verdopplungstrick könnten Sie sich zwar 200 Informationseinheiten merken, doch das System, in das Sie Zeit investiert haben, um es zu erlernen, wäre damit erschöpft. Was man bräuchte, wäre ein System, mit dessen Hilfe man das bereits erlernte Alphanummerik-System erweitern kann.

Für diesen Zweck habe ich ein System entwickelt, das die Kapazität des Alphanummerik-Systems auf 13.000 Verknüpfungsstationen erweitert. Damit erhält man eine Art Datenbank für das Gehirn, in der Sie unzählige Informationen und Daten unterbringen können. Ich habe diesem System die Bezeichnung *ProtoMistler*-System gegeben. Woher dieser merkwürdige Name kommt? Der zweite Teil des Namens wird Ihnen noch bestimmt logisch erscheinen, aber was hat es mit der Silbe *Proto* auf sich? Diese Silbe leitet sich aus einem Begriff der Sprachwissenschaften ab, der sogenannten Prototypensemantik. Bei der Prototypensemantik werden Wörter definiert, indem man dafür den Prototyp nennt.

Ein Beispiel: Nennen Sie mir eine typische Blumensorte. Die meisten Menschen würden auf diese Aufforderung das Wort *Rose* hervorbringen. *Edelweiß* ist zwar auch eine Blumensorte, doch es ist nicht das, was einem als Erstes einfällt.

Noch ein Beispiel: Wenn ich Sie nach einer typischen Vogelsorte fragte, würden Sie dann eher mit *Sperling* oder mit *Pinguin* antworten? Wahrscheinlich mit *Sperling*.

Sie wissen jetzt, was es mit der Prototypensemantik auf sich hat, doch was hat das mit einem Merksystem zu tun? Angenommen Sie möchten sich mit Hilfe der Alphanummerik-Liste alle Landeshauptstädte auswendig merken. Nach den ersten 100 Ländern/Hauptstädten wäre die Liste komplett belegt. Sie können die Liste aber nicht noch einmal verwenden, um sich die restlichen 96 Länder samt Hauptstädte zu merken. Stellen Sie sich aber einmal alle Merkbilder in der Wüste oder in Eis verpackt vor. Dann haben Sie ein Unterscheidungsmerkmal. So könnten Sie sich für die ersten 100 Länder/Städte die Alphanummerik-Liste in einer Wüstenlandschaft und für die restlichen 96 Städte die Alphanummerik-Liste in einer Polarlandschaft vorstellen. Einmal ist beispielsweise das Merkbild für die Verknüpfungsstation 01, die Olympiade, in einer Wüstenlandschaft, und beim anderen Mal ist die Verknüpfungsstation 01 in einer Polarlandschaft.

Die Wüstenlandschaft und die Polarlandschaft dienen als Erweiterungsbilder, da sie die Kapazität des Systems erweitern. Die gleichen Merkstationen von 00 bis 99 werden einfach in ein anderes Erweiterungsbild eingebettet. Hat man beispielsweise zehn Erweiterungsbilder, so verfügt man anstelle von 100 Merkstationen über 10 x 100 Merkstationen, also 1.000.

Prototypen und Erweiterungsbilder

Nun braucht man nur noch die Erweiterungsbilder. Das ProtoMistler-System ist eine Liste mit 130 Erweiterungsbildern, wodurch 130 x 100 Merkstationen möglich werden. Das ergibt eine Gesamtzahl von 13.000 Verknüpfungsstationen. Doch damit Ihnen das Erlernen der 130 Erweiterungsbilder nicht zu schwer fällt, unterliegt auch dem ProtoMistler-System eine logische Vorgehensweise, mit der man ganz einfach die Erweiterungen ableiten kann. Man muss einfach nur 5 Prototypen für einen bestimmten Erweiterungsbereich suchen (es gibt insgesamt 26 Bereiche; die 5 Prototypen für jeden der 26 Merkbereiche ergibt die oben genannte Gesamtsumme von 130 Erweiterungsbildern). Einer der Bereiche betrifft beispielsweise Tiere. Hierfür fallen den meisten Menschen die folgenden 5 Prototypen ein: *Hund, Katze, Maus, Vogel, Pferd.* Et voilà – schon haben Sie 5 Erweiterungsbilder, mit denen Sie Ihre Alphanummerik-Liste auf 500 Verknüpfungsstationen (5 x die Alphanummerik-Liste von 00 bis 99) aufgestockt haben. Bei der ersten Liste von 00 bis 99 verknüpfen Sie die Verknüpfungsstationen immer mit einem Hund, bei der zweiten Liste mit einer Katze, bei der dritten mit einer Maus, der vierten mit einem Vogel und der fünften mit einem Pferd.

Wie bereits erwähnt, werden für jeden der 26 Bereiche 5 Prototypen und somit 5 Erweiterungsbilder herausgesucht. Die 26 Bereiche wurden natürlich nicht willkürlich von mir festgelegt, sondern jeder Erweiterungsbereich fängt mit einem anderen Buchstaben des Alphabets an. Da ich keine Bereiche für die Buchstaben X und Y gefunden habe, ich aber auf die Zahl 26 kommen wollte, habe ich Erweiterungsbereiche für *St* und *Sch* hinzugezogen.

Die Einteilung der Erweiterungsbereiche nach dem Alphabet hat zudem den Vorteil, dass die Informationen, die Sie sich merken möchten, auch alphabetisch geordnet werden können, wenn Sie das wollen. So könnten Sie die 196 **H**auptstädte unter zwei Erweiterungsbildern/Prototypen des Buchstabens **H** ablegen. **A**dressen könnten unter dem Buchstaben **A** gespeichert werden, **T**elefonnummern unter **T**, **St**ernbilder unter *St*, usw. So wissen Sie immer, wo Sie welche Themen gespeichert haben.

Die Wahl mancher Bereiche mag Ihnen vielleicht etwas merkwürdig vorkommen (zum Beispiel der Bereich *Messgeräte*), aber ich habe diese nach langer Überlegung ausgewählt, um möglichst unterschiedliche Bilder zu erhalten. Falls Sie auf andere Prototypen kommen wie ich, können Sie gerne meine durch Ihre ersetzen. Es kommt in erster Linie darauf an, dass Sie sich die Erweiterungsbereiche sowie die zugehörigen Erweiterungsbilder gut merken können.

Nachfolgend sehen Sie das ProtoMistler-System. Werfen Sie zunächst einen Blick darauf, um sich damit vertraut zu machen. Sie werden sehen, dass Sie es innerhalb kürzester Zeit erlernen können.

Erweiterungsbereich (Prototypen)	Erweiterungsbilder
A Amerika	New York, San Francisco, Las Vegas, Grand Canyon, Washington
B Ballsportart	Fußball, Tennis, Volleyball, Basketball, Tischtennis

Hinweis: Stellen Sie sich Ihre Szenarios auf den jeweiligen Spielfeldern vor.

C Comics	Donald Duck, Mickey Mouse, Pluto, Goofy, Roadrunner

Hinweis: Dies sind die Comics, mit denen ich aufgewachsen bin; vielleicht fallen Ihnen ganz andere ein. Verwenden Sie diese dann.

D Datenverarbeitung	Monitor, Tastatur, Maus, Drucker, Rechnerturm
E Energiegewinnung	Kernkraftwerk, Solarkraftwerk, Windrad, Bohrturm, Kohlekraftwerk

F
Fluggeräte

Flugzeug, Paraglider, Heißluftballon, Zeppelin, Fallschirm

G
Geschirr

Messer, Gabel, Löffel, Teller, Glas

H
Haushalt

Kühlschrank, Ofen, Waschmaschine, Kaffeemaschine, Toaster

I
Instrumente

Gitarre, Klavier, Violine, Schlagzeug, Trompete

J
Jahreszeiten

Frühling, Sommer, Herbst, Winter, Fasching

Hinweis: Der Fasching/Karneval wird oft scherzhaft als die fünfte Jahreszeit bezeichnet.

K
Kommunikation

Telefon, Fax, Handy, Brief, Funkgerät

L
Landschaft

Wüste, Eislandschaft, Gebirge, Wald, Strand

M
Messgeräte

Lineal, Thermometer, Waage, Metermaß, Tachometer

N
Nutzvieh

Huhn, Kuh, Schwein, Schaf, Gans

O
Obst

Orange, Apfel, Birne, Kirsche, Erdbeere

P
Planetensystem

Sonne, Mond, Mars, Jupiter, Saturn

Q
Q-Wörter

Quark, Qualle, Quarz, Quader, Quelle

Hinweis: Da es nicht viele Wörter gibt, die mit Q beginnen, habe ich hier einfach die Wörter aufgeführt, die einem als Erstes bei diesem Buchstaben einfallen.

R
Reiseverkehr

Auto, Zug, Flugzeug, Bus, Schiff

S
Speichermedien   Schallplatte, CD, Musikkassette, VHS-Kassette, Diskette

Sch
Schmuck   Ring, Ohrring, Armband, Halskette, Piercing

St
Stadtbereiche   Fußgängerzone, Park, Kino, Theater, Sporthalle

T
Tiere   Hund, Katze, Maus, Pferd, Vogel

U
Uhren   Armbanduhr, Wanduhr, Taschenuhr, Sanduhr,
                                 Kuckucksuhr

V
Verkehrswege   Feldweg, Landstraße, Autobahn, Schienen, Brücke

W
Wahrzeichen   Eiffelturm, Pyramiden, Akropolis, Big Ben, Schiefer
                                 Turm von Pisa

X
Wenn Ihnen hierzu ein Bereich mit 5 Prototypen/Erweiterungsbildern einfällt, tragen
Sie ihn einfach ein.

Y
Wenn Ihnen hierzu ein Bereich mit 5 Prototypen/Erweiterungsbildern einfällt, tragen
Sie ihn einfach ein.

Z
Zirkusartisten   Dompteur, Clown, Jongleur, Trapezkünstler, Pantomime

Erweiterung des ProtoMistler-Systems auf 1.300.000 Merkstationen

Sie werden sich vielleicht noch daran erinnern, dass ich einmal erwähnt habe, dass sich auch das ProtoMistler-System noch erweitern lässt und zwar auf 1.300.000 Verknüpfungsstationen. Das stimmt in der Tat, und ich werde Ihnen auch gleich erklären, wie das funktioniert. Zuvor sollten sie sich aber überlegen, ob Sie so ein großes System überhaupt benötigen. Wenn Sie nicht ganz spezielle Zwecke verfolgen, werden 13.000 Merkstationen mehr als genug sein. Ich verwende das ProtoMistler-System nun schon seit einiger Zeit, und es zeichnete sich bereits früh ab, dass mir 13.000 Merkstationen völlig ausreichen werden.

1.300.000 Verknüpfungsstationen würden höchstwahrscheinlich für Ihr ganzes Leben ausreichen: Wenn Sie vom heutigen Tag an jeden Tag 50 Informationen in diesem System speicherten, wäre die Kapazität erst nach 71 Jahren erschöpft!

Das alles hört sich sicherlich verlockend an, und ich werde Ihnen zeigen, dass Sie diesen gewaltigen Schritt tun können, ohne irgendwelche neuen Verknüpfungsstationen lernen zu müssen. Die Kenntnisse, über die Sie bereits verfügen, reichen vollkommen aus.

Die Lösung liegt bei den Verknüpfungszusätzen des Alphanummerik-Systems. Wiederholen wir kurz die bisherige Vorgehensweise beim ProtoMistler-System:
→ Die erste Liste von 00 bis 99 wird mit dem ersten Erweiterungsbild des Bereichs Amerika (New York) verknüpft, die zweite Liste von 00 bis 99 mit dem zweiten Erweiterungsbild (San Francisco), usw.
→ Mit Hilfe der Verknüpfungszusätze des Alphanummerik-Systems hat man aber für jeden Merkbereich eine Liste von 00 bis 9999 (also 10.000 Verknüpfungsstationen; die Gesamtzahl von 1.300.000 Merkstationen ergibt sich aus 10.000 Stationen x 130 Erweiterungsbilder).

Die Zählweise funktioniert nun folgendermaßen:
→ Zuerst kommen die Zahlen von 0 bis 99 dargestellt von den Merkstationen 00 bis 99.
→ Danach geht es zusätzlich mit den Verknüpfungszusätzen weiter: 100 wird als 0100 dargestellt, also Verknüpfungsstation 01 (*Olympiade*) plus Verknüpfungszusatz 00 (*Fledermaus*).

Hier noch einige weitere Beispiele zur Verdeutlichung:
→ 500 wird als 0500 dargestellt, also Verknüpfungsstation 05 (*Osterei*) plus Verknüpfungszusatz 00 (*Fledermaus*).
→ 5000 wird durch die Verknüpfungsstation 50 (*Soße*) plus Verknüpfungszusatz 00 (*Fledermaus*) dargestellt.
→ 8677 wird durch die Verknüpfungsstation 86 (*Regen*) plus Verknüpfungszusatz 77 (*Schwein*) dargestellt.

Es wird also nicht mehr von 00 bis 99 pro Erweiterungsbild, sondern von 00 bis 9999 gezählt.

Bevor wir dieses Kapitel abschließen noch ein kleines Gedankenspiel: Mit Hilfe des Verdopplungstricks ließe sich diese Liste schließlich noch auf 2.600.000 Verknüpfungsstationen aufblähen, aber zum Einen ist dies nicht erforderlich, da das System bereits groß genug ist, und zum Anderen eignet sich der Verdopplungstrick nicht für alle Informationsarten.

Schreiben Sie auf, welche Informationen und Daten Sie sich mit Hilfe des ProtoMistler-Systems dauerhaft merken möchten.

Meine Verwendungszwecke für das ProtoMistler-System

XI. Komplexere Merkaufgaben

Der immerwährende Kalender im Gedächtnis

Wissen Sie, welcher Tag der 4. März 1973 war? Sie kennen zwar das Geburtsdatum Ihres besten Freundes, aber welcher Wochentag war es? Jemand bittet Sie um einen Termin am 5. Dezember dieses Jahres – ist das ein Mittwoch oder ein Donnerstag?

Wäre es nicht schön, alle Wochentage der Vergangenheit und der Zukunft zu kennen? Mit dem System, das ich Ihnen nachfolgend vorstelle, haben Sie diese Möglichkeit! Und hierfür müssen Sie natürlich nicht alle Wochentage einzeln auswendig lernen.

Das folgende System findet man zwar auch in anderen Büchern, doch ich möchte es Ihnen trotzdem gerne zeigen. Zudem liefere ich Ihnen eine Erleichterung, um die Technik zu beherrschen. Auf den ersten Blick sieht sie zwar etwas kompliziert aus, doch mit etwas Übung wird sie Ihnen in Fleisch und Blut übergehen.

Wochentage

Als Erstes wird jedem Wochentag eine Zahl zugeordnet:

Sonntag	1
Montag	2
Dienstag	3
Mittwoch	4
Donnerstag	5
Freitag	6
Samstag	0

Monate

Jeder Monat verfügt über eine feststehende Zahl, die Sie auswendig lernen müssen. Am besten merken Sie sich die jeweiligen Zahlen mit Hilfe einer Eselsbrücke.

Januar   0
Der Anfang des Jahres ist der Januar. Fangen Sie beim Zählen auch bei Null an.

Februar   3
Der 3. Buchstabe im Wort *Februar* ist ein B. Dieser Buchstabe repräsentiert im Alphanummerik-System die Zahl 3.

März   3
Der März ist der erste Frühlingsmonat (der Frühlingsbeginn ist am 21. März). Stellen Sie sich vor, wie ein Dreirad (das Bild für die Zahl 3 des Zahl-Symbol-Systems) auf einer Frühlingswiese steht. Außerdem ist der März auch der 3. Monat im Jahr.

April   6
Es gibt ein Geschirrspülmittel, das so ähnlich klingt wie dieser Monat. Die 6 ist beim Zahl-Symbol-System ein sechsseitiger Würfel. Visualisieren Sie einen großen Würfel, den Sie mit diesem Spülmittel reinigen.

Mai   1
Typisch für den Mai ist ein Maibaum. Als Bild für die 1 können Sie eine Fahne verwenden. Eine bunte Fahne ist oben an der Spitze des Maibaums befestigt.

Juni   4
Der Juni ist der erste Sommermonat (der Sommerbeginn ist am 21. Juni). Nehmen Sie als repräsentatives Bild einen Sonnenschirm oder was Sie sonst mit dem Sommer assoziieren. Als Bild für die 4 können Sie beispielsweise ein Segelboot (Bild für die Zahl 4 im Zahl-Form-System) verwenden.

Juli   6
Bildvorschlag für den Juli – Julia von *Romeo und Julia*. Für die 6 können Sie wieder einen Würfel nehmen.

August   2
Der Anfang von August hört sich an wie *Auge*. Für die 2 können Sie einen Schwan als Merkbild benutzen.

September   5
Der September ist der erste Herbstmonat (der Herbstanfang ist am 23. September).

Als Bild könnten Sie einen Herbstwald verwenden. Die 5 lässt sich durch einen Fleischerhaken oder einen Seestern darstellen.

Oktober   0

Die erste Silbe dieses Monats ist vom Klang die Gleiche wie im Wort Octopus (ein Krake). Die Null sieht aus wie ein Ball.

November   3

Auch hier können Sie den Wortanfang benutzen (*Nov*). Eine Novelle hat den gleichen Wortanfang. Stellen Sie sich einfach ein Buch vor. Als Bild für die 3 kann wieder das Dreirad benutzt werden.

Dezember   5

Repräsentativ für diesen Monat ist das Weihnachtsfest. Als Bild ließe sich also ein Weihnachtsmann oder ein Weihnachtsbaum verwenden. Für die 5 steht wieder der Fleischerhaken.

Ihre Aufgabe ist es nun, diese Monatszahlen gut zu beherrschen, so dass Sie nicht mehr lange überlegen müssen, wenn Ihnen ein Monat genannt wird. Die aufgeführten Merkbilder sind nur Beispiele, an die Sie sich nicht unbedingt halten müssen.

Jahre

Auch jedes Jahr verfügt über eine Zuordnungszahl zwischen 0 und 6. Allerdings haben Sie ab diesem Punkt zwei verschiedene Möglichkeiten um vorzugehen.

Zum Einen können Sie alle 100 Zuordnungszahlen mit Hilfe des Alphanummerik-Systems auswendig lernen. Zum Anderen können Sie einen mathematischen Trick verwenden, mit dessen Hilfe Sie die Zuordnungszahl errechnen können.

Wenn Sie die Zuordnungszahlen für die Jahre auswendig lernen, hat dies den Vorteil, dass Sie die Zahlen in Sekundenschnelle abrufen können.

Wenn Sie die Zuordnungszahlen mit Hilfe des mathematischen Tricks jedes Mal ermitteln, hat dies zwar den Vorteil, dass Sie die 100 Zahlen nicht mehr auswendig lernen müssen, aber dann brauchen Sie etwas mehr Zeit.

Beide Methoden sind einfach und effektiv. Nachfolgend sind die 100 Zuordnungszahlen für die Jahre 2000 bis 2099 aufgelistet. Danach erkläre ich Ihnen genau, wie der Wochentag ermittelt wird.

Zuordnungszahlen für die Jahre 2000 bis 2099

Jahr	Zahl	Jahr	Zahl	Jahr	Zahl
2000	0	2033	6	2066	5
2001	1	2034	0	2067	6
2002	2	2035	1	2068	1
2003	3	2036	3	2069	2
2004	5	2037	4	2070	3
2005	6	2038	5	2071	4
2006	0	2039	6	2072	6
2007	1	2040	1	2073	0
2008	3	2041	2	2074	1
2009	4	2042	3	2075	2
2010	5	2043	4	2076	4
2011	6	2044	6	2077	5
2012	1	2045	0	2078	6
2013	2	2046	1	2079	0
2014	3	2047	2	2080	2
2015	4	2048	4	2081	3
2016	6	2049	5	2082	4
2017	0	2050	6	2083	5
2018	1	2051	0	2084	0
2019	2	2052	2	2085	1
2020	4	2053	3	2086	2
2021	5	2054	4	2087	3
2022	6	2055	5	2088	5
2023	0	2056	0	2089	6
2024	2	2057	1	2090	0
2025	3	2058	2	2091	1
2026	4	2059	3	2092	3
2027	5	2060	5	2093	4
2028	0	2061	6	2094	5
2029	1	2062	0	2095	6
2030	2	2063	1	2096	1
2031	3	2064	3	2097	2
2032	5	2065	4	2098	3
				2099	4

Beispiele

Wochentage
....

Nun demonstriere ich Ihnen an einigen Beispielen, wie der Wochentag errechnet wird.

a) 19. November 2007

Es wird folgende Addition durchgeführt:
19 (der Tag) + 3 (Zahlenwert für den Monat November) + 1 (Zahlenwert für das Jahr 2007)
Dies ergibt folgendes Zwischenergebnis: 19 + 3 + 1 = 23

Jetzt müssen Sie feststellen, wie oft die Zahl 7 in das Zwischenergebnis (in diesem Fall 23) hinein passt. 7 + 7 + 7 ist 21. Es bleibt ein Rest von 2.
Dieser Rest ergibt den Wochentag, in diesem Fall also Montag (s. Auflistung der Wochentage).

b) 26. September 2019

Es wird folgende Addition durchgeführt:
26 (der Tag) + 5 (Zahlenwert für den Monat September) + 2 (Zahlenwert für das Jahr 2019)

Dies ergibt folgendes Zwischenergebnis: 26 + 5 + 2 = 33

Die Zahl 7 wird zusammengezählt, um so nahe wie möglich an die 33 zu kommen.
7 + 7 + 7 + 7 = 28. Es bleibt ein Rest von 5 (da 33 − 28 = 5).
Der Rest 5 steht für Donnerstag, da er der fünfte Wochentag ist.

c) 27. Februar 2000

27 + 3 + 0 = 30.
Achtung!
Hier müssen Sie etwas aufpassen. Bei Schaltjahren muss bei den Monaten Januar und Februar Eins abgezogen werden. Somit erhalten wir 29 als Zwischenergebnis.

7 + 7 + 7 = 28. Es bleibt ein Rest von 1, ein Sonntag also.

Für den Fall, dass das Zwischenergebnis genau durch 7 teilbar ist (also bei 7, 14, 21, 28, 35, usw.), bleibt kein Rest, d.h. der Rest ist 0, was bedeutet, dass der Wochentag ein Samstag ist.

Jahreszuordnungen

Wenn Sie nicht alle 100 Jahreszuordnungen lernen möchten, können Sie die folgende Formel verwenden, mit der Sie die jeweilige Zuordnungszahl errechnen können:

$$\frac{\text{Jahreszahl} + \text{Jahreszahl} : 4}{7}$$

Der Rest, den Sie verwenden würden, um die erste Stelle hinter dem Komma zu berechnen, ergibt die Zuordnungszahl für das Jahr. Beachten Sie auch, dass die Punkt-vor-Strich-Regel gilt und nur die letzten beiden Ziffern der Jahreszahl eingesetzt werden.

Ich demonstriere Ihnen dies am besten wieder an ein paar Beispielen. Die Rechnung habe ich in einfache Schritte unterteilt:

1. Beispiel: Das Jahr 2012

12 + 12:4 = 12 + 3 = 15

15:7 = 2,...
$\underline{14}$
1

Der Rest, den Sie verwenden würden, um die erste Stelle hinter dem Komma zu berechnen, ist eine 1. Somit ist die Zuordnungszahl für das Jahr 2012 eine 1. Überprüfen Sie an der obigen Tabelle, ob es stimmt.

2. Beispiel: Das Jahr 2058

58 + 58:4 = 58 + 14 (die Stellen hinter dem Komma werden einfach ignoriert) = 72

72:7 = 10,...
$\underline{70}$
2

Der Rest ist hier eine 2. Die Zuordnungszahl für das Jahr 2058 ist also eine 2.

3. Beispiel: Das Jahr 2079

79 + 79:4 = 79 + 19 (die Stellen hinter dem Komma werden ignoriert) = 98

98:7 = 14
$\underline{7}$
28
$\underline{28}$
0

Hier gibt es keinen Rest, d. h. der Rest ist 0. Somit lautet die Zuordnungszahl 0.

Über unser Jahrhundert hinaus

Den meisten Menschen reicht es aus, wenn sie schon die einzelnen Wochentage des aktuellen Jahres ermitteln können. Hierfür muss man lediglich eine (die gegenwärtige) Jahreszuordnungszahl zusätzlich zu den Monatszahlen kennen.

Falls Sie jedoch ganz ehrgeizig sind und auch die Wochentage anderer Jahrhunderte errechnen möchten, müssen Sie für die einzelnen Jahrhunderte noch folgende Zahlen hinzu addieren[*] (beachten Sie, dass aufgrund einer Kalenderänderung im Jahr 1752 das System nur bei nachfolgenden Jahren funktioniert):

1753 – 1799	5
1800 – 1899	3
1900 – 1999	1
2000 – 2099	0
2100 – 2199	5
2200 – 2299	3
2300 – 2399	1
2400 – 2499	0
2500 – 2599	5

Wie Sie sehen, liegt hier ein Muster vor: 5 – 3 – 1 – 0 – und wieder von vorne.

Sie sind nun in der Lage, jeden Wochentag ab dem Jahr 1753 zu bestimmen. Wenn Ihnen all das zuviel Aufwand ist, sollten Sie zumindest die Wochentage für das aktuelle Jahr errechnen können. Und hierfür müssen Sie lediglich 13 Zahlen (12 Zuordnungszahlen für die Monate und die Zuordnungszahl für das aktuelle Jahr) auswendig lernen.

---

[*] Streng genommen fängt ein Jahrhundert zwar erst mit der Jahreszahl 1 an (also 2001, 2101, 2201, usw.) und nicht mit der Zahl 00, aber aus mathematischen Gründen gilt für die Liste eine andere Aufteilung.

„Wetten, dass Sie es schaffen?" – Das Merken von Schachfiguraufstellungen

Nun werde ich Ihnen zeigen, wie Sie dem Wettchampion der Sendung „Wetten dass?" vom 13.10.2001 nacheifern können. Leider werden Sie damit nicht mehr bei „Wetten dass?" auftreten können, aber diese Fertigkeit kann zu zahlreichen anderen Anlässen vorgeführt werden. Und sie wird mit Sicherheit gut ankommen, da sie ähnlich wie der Kartentrick (ich sträube mich hier von einem „Trick" zu reden, da ja dabei eigentlich gar nichts getrickst wird) Ihre Gedächtnisleistung auf beeindruckende Weise demonstriert.

Wenn Sie die Sendung nicht gesehen haben, erkläre ich Ihnen noch einmal schnell, um was es bei der Wette ging: Der Wettkandidat bekam fünf Schachbretter mit jeweils unterschiedlichen Figuraufstellungen vorgelegt. Er musste sich bei jedem Schachbrett die jeweilige Figuraufstellung merken. Hierfür ließ man ihm 4 Minuten Zeit. Nach Ablauf der 4 Minuten bekam er fünf leere Schachbretter vorgelegt, neben denen jeweils 32 Schachfiguren standen. Er stellte dann auf jedem Brett die Figuren so auf, wie sie vorher angeordnet gewesen waren. Die Wette glückte, und der Kandidat wurde zudem mit großem Abstand zum Wettchampion gewählt. In nur 4 Minuten verdiente er sich somit ein Taschengeld von 10.000 DM bzw. 5.000 Euro (und das nur, weil er eine Methode hatte, wie man sich Schachfiguraufstellungen merken kann).

Das nachfolgende System habe ich eigens für diesen Zweck entworfen, d.h. der Wettchampion hat höchstwahrscheinlich ein anderes, vermutlich ebenfalls ein selbst entwickeltes System verwendet, das aber bestimmt auch auf der Verwendung von Bildern beruht.

Die Vorgehensweise wird Ihnen im Groben und Ganzen klar sein: Man muss sowohl die einzelnen Schachfiguren als auch die Felder auf dem Schachbrett in Bilder umwandeln. Die Grundlage hierfür bildet einmal mehr das Alphanummerik-System.

Insgesamt gibt es 32 Schachfiguren auf dem Brett, für jede Farbe 16:

1 König
1 Dame
2 Türme
2 Läufer
2 Springer
8 Bauern

Über diese Figuren verfügt sowohl die weiße als auch die schwarze Farbe.
Als Nächstes werden die Merkbilder für diese Figuren aufgelistet:

König   –   König mit Krone und Zepter
Dame   –   Eine feine Hofdame
Türme   –   Türme
Läufer   –   Marathonläufer
Springer   –   Pferd
Bauern   –   Die Merkstationen 31 – 38 des Alphanummerik-Systems:
               Bauer 1 = 31 = Bier
               Bauer 2 = 32 = Bezirzen
               Bauer 3 = 33 = Bube
               Bauer 4 = 34 = BH
               Bauer 5 = 35 = Bestattung
               Bauer 6 = 36 = Begonie
               Bauer 7 = 37 = Bett
               Bauer 8 = 38 = Brei

Um die weißen und schwarzen Figuren auseinander zu halten, stellen Sie sich die
Merkbilder der weißen Figuren in einer weißen Polar- bzw. Winterlandschaft vor und
die Merkbilder der schwarzen Figuren an einem Strand.

Die Bilder für die Felder

Für die Buchstaben werden die Merkbilder des internationalen Buchstabieralphabets
verwendet und für die Zahlen eine der Zehnerlisten.

Das Feld H2 ist zum Beispiel ein Hotel mit Zwillingen, D4 ein Segelboot im Nildelta,
usw.

Merken Sie sich nicht, welche Figuren auf den einzelnen Feldern stehen (dann müssten Sie nämlich später beim Abrufen der Informationen alle 64 Felder im Geiste abge-

hen), sondern auf welchem Feld die Figuren stehen. Das heißt die Figuren sind die Verknüpfungsstationen, mit denen die Felder verknüpft werden, und nicht umgekehrt.

Gehen Sie die Figuren der Reihe nach durch. Fangen Sie mit dem König an, und machen Sie mit der Dame, den Läufern, Springern und Türmen weiter. Zum Schluss prägen Sie sich ein, auf welchen Feldern die Bauern stehen. Merken Sie sich zunächst alle Figuren des Spielers mit der Farbe Weiß und dann alle Figuren des Spielers mit der Farbe Schwarz.

Beispiele

Der König des Spielers mit den weißen Figuren steht auf E1. Der *König* ist die Verknüpfungsstation. Das Verknüpfungsbild für das Feld *E1* ist *Echo* und ein *Einhorn*. Sie müssen die gesamte Szene in einer Eis- bzw. Winterlandschaft abspielen lassen: Ein *König* reitet auf einem *Einhorn* durch den Schnee und ruft mit dem Megaphon, um das *Echo* zu hören.

Jetzt gehen Sie zur nächsten Figur, der Dame, über. Die Dame können Sie sich als *Hofdame* vorstellen, d.h. die Hofdame ist die Verknüpfungsstation. Angenommen diese Figur steht auf dem Feld *A4*. Das Merkbild hierfür ist ein *Alpha Romeo* mit einem *Kleeblatt*. Stellen Sie sich vor, wie eine *Hofdame* in einem *Alpha Romeo* durch den Schnee rast. An der Antenne des Wagens ist ein überdimensional großes vierblättriges *Kleeblatt* befestigt. Oder während der Fahrt werden *Kleeblätter* durch die Luft gewirbelt.

Nun kommen wir zu einer Figur, die es zweimal pro Farbe gibt – den Läufer. Sie merken sich die beiden Felder einfach, indem Sie sie aneinander reihen (s. Verkettungstechnik).

Angenommen der eine Läufer steht auf dem Feld *G4* und der andere Läufer auf *H6*. Der Läufer ist die Verknüpfungsstation, ein *Marathonläufer*. Das Bild für G4 ist *Golf* mit einem *Kleeblatt*, das Bild für H6 ein *Hotel* mit einem *Würfel*. Folgende Szenerie wäre möglich: Ein *Marathonläufer* schlägt im Schnee mit einem *Golfschläger* ein großes *Kleeblatt* weg. In der Luft verwandelt sich das Kleeblatt in einen *Würfel*, der die Scheibe eines *Hotels* zerschlägt. Somit wissen Sie, dass der eine Läufer auf G4 und der andere auf H6 steht.

Gehen Sie auf diese Weise jede Figur durch, und tun Sie dann das Gleiche mit den schwarzen Figuren.

Falls einige Figuren bereits vollständig aus dem Spiel geworfen worden sind, zum Beispiel wenn beide Springer geschlagen wurden, können Sie sich auch hierfür ein Bild überlegen. Ich stelle mir die Figuren dann hinter Gefängnisgittern vor.

Erweiterungsmöglichkeiten

Probieren Sie es zuerst einmal mit einem Schachbrett, bevor Sie sich an mehrere wagen. Steigern Sie sich schrittweise, bis Sie sich fünf Schachbretter einprägen können. Danach können Sie an der Zeit arbeiten, die Sie für diese Aufgabe benötigen, und versuchen unter 4 Minuten zu kommen. Oder aber Sie merken sich 6, 10 oder 20 Schachbretter in einem längeren Zeitraum. Mit dem ProtoMistler-System verfügen Sie über genügend Verknüpfungsmöglichkeiten. Für das zweite Schachbrett benötigen Sie einfach nur zwei weitere Szenerien, in der Sie Ihre Geschichten einbetten. Für das erste Schachbrett können Sie die von mir vorgeschlagene Winterlandschaft und den Strand wählen, für das zweite Schachbrett einen Wald und eine Wüste, usw. Das ProtoMistler-System bietet Ihnen alles, was Sie hierfür brauchen.

Und da Sie sich die Schachbretter nicht dauerhaft merken möchten, sondern nur für den Vorführungs- bzw. Übungszweck, können Sie die gleichen Verknüpfungsstationen und Landschaften immer wieder verwenden. Es ist nur darauf zu achten, dass eine vernünftige Pause eingelegt wird, damit die Bilder und Szenen nicht durcheinander geraten. Bereits am nächsten Tag sollten die Bilder verblasst und wieder einsatzbereit sein.

XII. Was wollen Sie sich merken?

Das Merken von Landkarten und Stadtplänen

Die Technik, die Sie zum Merken von Schachbrettern einsetzen, können Sie auch bei Landkarten und Stadtplänen verwenden. Diese sind nämlich häufig in Quadrate eingeteilt, die einen Buchstaben und eine Zahl aufweisen.

Erst die Stadt ...

Sie könnten zum Beispiel zum Experten für Ihre Stadt werden, indem Sie alle Straßennamen lernen. Nehmen Sie sich einfach einen Stadtplan, auf dem die Straßennamen alphabetisch aufgelistet sind. Dahinter steht zumeist das zugehörige Planquadrat. Sie müssen dann nur noch den Straßennamen in ein Bild umwandeln (dies funktioniert genauso wie bei Personennamen) und mit dem entsprechenden Planquadrat verknüpfen.

... dann die ganze Welt

Falls Sie sich vornehmen, alle Länder der Erde mit den zugehörigen Hauptstädten auswendig zu lernen, wäre es auch von großem Nutzen, deren geographische Lage zu kennen. Wahrscheinlich wissen Sie bereits, wo die meisten europäischen Länder liegen, aber bei den afrikanischen Ländern und den Inselstaaten im Pazifik werden wahrscheinlich auch Sie passen müssen.

Mit Hilfe eines Atlas können Sie die Länder mit den jeweiligen Planquadraten assoziieren. Dann wissen Sie allerdings nur, in welchem Planquadrat die Länder in Ihrem eigenen Atlas zu finden sind und kennen nicht die genaue geographische Lage. Aus diesem Grund sollten Sie auch die ungefähre globale Einteilung kennen. Teilen Sie die Weltkarte in vier Teile ein. Bis zu welchem Buchstaben und zu welcher Zahl geht das Kartenviertel oben links/oben rechts/unten links/unten rechts? Mit Hilfe dieser groben Einteilung finden Sie sich dann schon schneller zurecht.

Um die geographische Lage der Länder noch detaillierter zu lernen, können Sie auch Ihr Merkbild für das entsprechende Land mit dem Merkbild des Nachbarlandes verknüpfen. So wissen Sie genau, welche Länder benachbart sind. Für Übungszwecke eignet sich am besten der südamerikanische Kontinent. Erst dann sollten Sie sich mit dieser Technik an andere Erdteile wagen.

Für die geographische Lage von Ländern und Städten können Sie auch die Längen- und Breitengrade verwenden. Diese Einteilung ist natürlich noch genauer, und zudem ist die Kenntnis der Längen- und Breitengrade eine zusätzliche Motivation.

Suchen Sie sich einfach die Technik heraus, die Ihnen am meisten zusagt. Experimentieren Sie etwas. Jede der genannten Methoden hat ihre eigenen Vor- und Nachteile. Legen Sie mehr Wert auf Genauigkeit, empfiehlt sich das Memorieren nach Längen- und Breitengraden. Diese Methode bietet auch den Vorteil, dass sie bei jedem Atlas und jedem Globus funktioniert. Allerdings ist diese Technik auch mit etwas mehr Aufwand verbunden.

Wenn Ihnen nur die grobe Kenntnis der Lage ausreicht, können Sie die Einteilung nach Planquadraten verwenden. Dies hat allerdings den Nachteil, dass die Planquadrateinteilung von Atlas zu Atlas variieren kann.

Diese Systeme können für unzählige andere Zwecke eingesetzt werden. Wie immer gibt es praktisch unendlich viele Einsatzmöglichkeiten.

Vergessenes wiederfinden

Wie man sich Informationen auf effektive Weise merkt, wissen Sie ja inzwischen. Doch leider kommt es immer wieder vor, dass man einen Einfall vergisst, weil man zum Beispiel vom Gesprächspartner kurz unterbrochen wurde oder den Autoschlüssel bzw. die Brieftasche nicht findet. Dieses Kapitel befasst sich mit diesen Themen.

Es liegt mir auf der Zunge ...

Wohl jeder hat diese Aussage mehrmals in seinem Leben gemacht. Man will dem Gesprächspartner etwas mitteilen, das einem gerade nicht einfallen mag, und dabei hat man das Gefühl, dass es jeden Moment ins Gedächtnis zurückkommt. Dieser Ausdruck ist natürlich falsch, denn im Gedächtnis ist dieser Gedanke die ganze Zeit über. Man muss lediglich nach einem Auslöser suchen, der den Gedanken wieder zu Leben erweckt, ihn aktiviert.

Die meisten Menschen fangen an, krampfhaft nach diesem Gedanken zu suchen, doch es scheint, dass je mehr man sucht, um so weniger dabei herauskommt. Das ist nicht nur ein Anschein, es ist eine Tatsache. Bei der zwanghaften Suche entsteht eine Art Blockade, d.h. man konzentriert sich nicht auf den gesuchten Gegenstand, sondern auf die Tätigkeit des Suchens selbst. Aus diesem Grund muss man in solch einer Situation das Gegenteil tun – nicht danach suchen! Lassen Sie den Gedanken einfach liegen, und reden Sie über ein anderes Thema bzw. denken Sie an etwas anderes. Wenn Sie gerade für sich alleine sind, können Sie auch etwas entspannendes tun, um sich abzulenken. Bevor Sie sich allerdings ablenken, geben Sie Ihrem Unterbewusstsein den Befehl weiter zu suchen, während Sie der anderen Tätigkeit nachgehen. Oft fällt einem dann das Gesuchte scheinbar ohne jeglichen Zusammenhang wieder ein.

Solche Situationen haben Sie sicherlich auch schon häufig erlebt: Sie erzählen gerade mit jemandem oder sehen fern, als plötzlich ein vor kurzem gesuchter Begriff offenbar aus dem Nichts auftaucht. Ihr Bewusstsein hat sich mit etwas anderem beschäftigt, und so hatte Ihr Unterbewusstsein die Chance ungestört zu suchen.

Manchmal wird das Unterbewusstsein dabei von äußeren Einflüssen unterstützt. Irgend jemand erwähnt in einer Unterhaltung einen Begriff (einen Auslöser), der zufällig den gesuchten Gedanken freisetzt (man könnte schon fast von *befreien* reden). Er ist scheinbar von den Tiefen des Unterbewusstseins wieder aufgetaucht.

Wenn Sie möchten, können Sie aber auch eine andere Methode ausprobieren. Falls im Groben und Ganzen klar ist, aus welchem Themenbereich ein gesuchter Begriff stammt, können Sie Ihre Gedanken innerhalb dieses Themenbereiches fließen lassen.

Angenommen Ihnen fällt einfach nicht mehr ein, wie diese neue Kriminalserie heißt, die jeden Sonntagabend ausgestrahlt wird. Denken Sie einfach an andere Kriminalfilme und -serien, die Sie kennen: Der Alte, Tatort, Kommissar Rex, Mord ist ihr Hobby, usw. Irgendwann werden Sie auf etwas stoßen, das eine Ähnlichkeit oder eine Parallele mit der neuen Serie aufweist (vielleicht ist der Kommissar ähnlich zerstreut wie Columbo), die auf den Serientitel hinweist.

Lassen Sie einfach Ihre Gedanken innerhalb des Themenbereiches kreisen, ohne dabei gezwungen zu versuchen, den gesuchten Begriff direkt zu finden.

Sie müssen sich darüber im Klaren sein, dass der Begriff die ganze Zeit da und nicht verlorengegangen ist. Es muss lediglich die richtige Assoziation gefunden werden. Dies ist wie beim Autofahren. Sie kommen nicht von jeder Autobahn auf jede beliebige andere Straße. Sie müssen auch zuerst eine bestimmte Strecke zurücklegen, in eine Straße einbiegen und vielleicht noch ein paar Mal die Straße wechseln, um endlich an das gewünschte Ziel zu kommen.

Beide Methoden bieten zwar keine hundertprozentige Garantie, dass Ihnen der Begriff wieder einfällt. Sie erhöhen aber die Chance auf Erfolg immens.

Verlegte Gegenstände

Gehören Sie auch zu der Sorte Mensch, der immer seinen Schlüssel suchen muss, bevor er das Haus verlässt? Müssen Sie bei einem Restaurantbesuch immer alle Manteltaschen durchwühlen, um endlich die Brieftasche zu finden?

Es gibt mehrere Wege, um dieses Problem in die Vergangenheit zu verbannen.

Stammplätze

Überlegen Sie sich einen Stammplatz zu Hause, an dem immer Ihr Schlüssel liegt. In manchen Haushalten gibt es ein Schlüsselbrett, einige Leute legen ihren Schlüssel auf der Kommode ab, usw.

Suchen auch Sie sich einen Stammplatz, aber achten Sie darauf, dass sich dieser Stammplatz nicht ändert, sondern auch wirklich ein Stammplatz bleibt.

Konzentration

Falls Sie keinen festen Stammplatz für jeden Gegenstand verwenden möchten, oder wenn Sie bei jemandem zu Besuch sind und somit keinen festen Standort haben, hilft es sich dessen bewusst zu sein, was man gerade macht. Wenn Sie zum Beispiel von der Arbeit kommen, sollten Sie Ihren Schlüssel nicht geistesabwesend weglegen, denn dann werden Sie ihn später wahrscheinlich suchen müssen. Legen Sie Ihren Schlüssel (bzw. die Brieftasche oder einen anderen Gegenstand) bewusst ab, d.h. sehen Sie sich kurz den Platz an, wohin Sie den Schlüssel hinlegen.

Vieles vergisst man, weil man einfach unkonzentriert war, mit den Gedanken woanders. Dabei genügt es in den meisten Fällen, einen Augenblick die Aufmerksamkeit auf das zu richten (in diesem Fall auf das Ablegen eines Gegenstandes), was man gerade tut.

Verknüpfung mit dem Ablageplatz

Auch mit Hilfe von Mnemotechniken können Sie sich erinnern, wohin Sie Ihre Brieftasche gesteckt oder Ihren Schlüssel abgelegt haben.

Wenn Sie beispielsweise Ihren Autoschlüssel auf den Nachttisch legen, überlegen Sie sich eine Szene dafür, und verwenden Sie dabei wie immer die 4 Eckpfeiler erfolgreichen Memorierens. Stellen Sie sich zum Beispiel vor, wie Sie den Autoschlüssel in den Nachttisch stecken und in diesem ein Automotor anspringt. Qualm steigt auf, und es riecht nach Benzin. Der Schlüssel wird somit zur Verknüpfungsstation und der Nachttisch zur verknüpften Information. Wenn Sie dann ein paar Stunden später mit Ihrem Auto Einkaufen fahren möchten, visualisieren Sie den Autoschlüssel vor Ihrem geistigen Auge, und Sie werden auf die Verknüpfung (den Nachttisch) stoßen.

Diese Technik ist übrigens hervorragend geeignet für den Fall, dass Sie Ringe tragen, die Sie irgendwo ablegen müssen, um sich Ihre Hände zu waschen.

Das Problem mit der Brieftasche, die in verschiedenen Manteltaschen sein könnte, ließe sich auch folgendermaßen lösen: Sie geben jeder Manteltasche eine Nummer, für die Sie ein eigenes Merkbild verwenden. So wird jede Manteltasche zu einer Verknüpfungsstation. Allerdings wäre es für die meisten wesentlich einfacher, sich einen Stammplatz zu überlegen.

Eigene Ziele und Anwendungsbereiche

Bei Anwendungszwecken, die nicht in diesem Buch aufgeführt sind, müssen Sie einfach nach dem passenden Schema suchen, mit dem Sie die Informationen speichern können. Dank der zahlreichen Übungen, die Sie gemacht haben, können Sie dies.

Überlegen Sie sich, für welche Anwendungszwecke Sie Ihr Gedächtnis und somit auch Mnemotechniken gebrauchen können, und schreiben Sie sie auf. Suchen Sie sich Ihre individuellen Anwendungsmöglichkeiten.

Trotzdem möchte ich Ihnen zum Abschluss noch ein kleines Anwendungsbeispiel als Anstoß geben: das Lesezeichen im Kopf. Nicht immer hat man ein Lesezeichen zur Hand, wenn man ein Buch liest. Außerdem kann es vorkommen, dass ein Lesezeichen aus dem Buch herausfällt. Sie brauchen kein physisches Lesezeichen mehr. Wandeln Sie einfach die Seitenzahl mit Hilfe des Alphanummerik-Systems in ein Bild um, das Sie mit dem Buch verknüpfen. Beim nächsten Mal, wenn Sie das Buch wieder in die Hand nehmen, fällt Ihnen die Assoziation, das Bild, wieder ein, und somit wissen Sie, auf welcher Seite Sie zuletzt stehen geblieben waren.

Sie sehen, es gibt zahlreiche Anwendungsmöglichkeiten für Merktechniken. Alleine im Beruf, während des Studiums oder in der Schule sind die Einsatzmöglichkeiten nahezu grenzenlos.

Wenn Sie die in diesem Buch aufgeführten Mnemotechniken intensiv nutzen, werden Sie unter Umständen auch eigene Systeme und Techniken entwickeln. Eine Variation zu Gedächtnispalästen sind beispielsweise Filme oder Romane. Sind Sie ein Harry Potter-Fan, können Sie Hogwarts, wie Sie es sich vorstellen, als Gedächtnispalast verwenden. Vielleicht kennen Sie aber einen Film in- und auswendig, und Sie benutzen die einzelnen Erzählstationen des Films als Verknüpfungsstationen.

Diese Ideen sind nur optional, denn die aufgezeigten Techniken sind völlig ausreichend, um jegliche Informationen und Informationsmengen speichern zu können.

Zusammenfassung

Herzlichen Glückwunsch – Sie sind nun ein wahrer Experte auf dem Gebiet *Gedächtnis und Erinnern*!

Lassen Sie mich noch einmal kurz zusammenfassen, was Sie alles erlernt haben:

→ Sie können sich Aufgabenlisten, Wochen- und Monatskalender leicht merken, was das ständige Mitnehmen von Terminplanern überflüssig macht.

→ Sie sind nun in der Lage, sich Namen und Gesichter von allen Personen, die Sie kennen und kennen lernen, mühelos zu merken. Nie wieder kommen Sie in eine peinliche Situation, weil Sie einen Namen vergessen haben.

→ Von jetzt an können Sie ohne Einkaufszettel in den Supermarkt gehen. Sie behalten alles im Kopf – und das ohne viel Aufwand.

→ Das Merken von Nummern und Zahlen jeglicher Art bereitet Ihnen keine Probleme mehr: ob Telefonnummern, Autokennzeichen, PIN- und Kontonummern oder Bankleitzahlen. Es spielt keine Rolle, wie lang eine Nummer ist.

→ Sie verfügen über das ProtoMistler-System, eine Gedächtnisdatenbank, mit der Sie sich alle Informationsarten merken können: technische Daten, Adressen, Allgemeinwissen (beispielsweise Hauptstädte und geschichtliche Ereignisse), Witze, Bücher usw. Mit Hilfe dieses Systems lassen sich bis zu 1.300.000 Informationen speichern (wenn Sie sich damit jeden Tag 50 Informationen dauerhaft merken würden, wäre es erst nach rund 71 Jahren ausgelastet).

→ Das Vergessen von Geburtstagen, Hochzeitstagen und sonstigen Jubiläen und Terminen gehört der Vergangenheit an.

→ Mit Hilfe des immerwährenden Kalenders können Sie jeden Wochentag jedes einzelnen Tages seit 1753 bestimmen!

→ Fremdsprachen beherrschen Sie um ein Vielfaches schneller.

→ Sie können sich die Reihenfolge eines durcheinandergemischten Kartenstapels merken.

→ Wie der Wettchampion von „Wetten dass?" können Sie sich die Figuraufstellung auf einem Schachbrett merken.

→ Das Auswendiglernen von ganzen Stadtplänen und Landkarten bereitet Ihnen keine Schwierigkeiten.

→ Notizblätter brauchen Sie nur noch äußerst selten – Notizen machen Sie sich von nun an in Ihrem Kopf, und auch Geistesblitze sowie geniale Einfälle erfordern kein hektisches Suchen nach Blättern und Kugelschreibern mehr.

→ Für den Fall, dass Sie einmal etwas vergessen haben, können Sie mit den entsprechenden Techniken die Informationen leichter wiederfinden.

Und das ist bei Weitem noch nicht alles, denn kurzum lässt sich Ihr Lernerfolg nach dem Durcharbeiten dieses Buches mit der folgenden Aussage zusammenfassen:

Von nun an sind Sie in der Lage, sich absolut *jede* Information dauerhaft zu merken und diese *jederzeit* abzurufen.

Für die Zukunft

Sie verfügen über die notwendigen Techniken, um die Fähigkeiten Ihres Gedächtnisses besser zu nutzen (auch wenn Sie niemals an Ihre Grenzen stoßen werden – wie Sie ja erfahren haben, ist die Kapazität des menschlichen Gehirns praktisch unendlich groß).

Doch neben der Beherrschung der Techniken sollte man auch wissen, für welchen Zweck die einzelnen Systeme am besten geeignet sind. Dies finden Sie im Laufe der Zeit heraus.

Manchmal ist es nicht sinnvoll, eine Mnemotechnik zu benutzen. Als Beispiel sei hier das Durchnummerieren der Manteltaschen erwähnt, um sich zu merken, wohin Sie die Brieftasche gesteckt haben. In diesem Fall waren die anderen Techniken einfacher und effektiver.

Es gibt kritische Stimmen, die behaupten, dass es keinen Sinn macht, beispielsweise die Zahl Pi bis auf 10.000 Stellen hinter dem Komma auswendig zu lernen. Dem kann ich nur bedingt zustimmen, denn Sie haben dadurch einen indirekten Nutzen: Durch die reine Anwendung der in diesem Buch aufgezeigten Merktechniken trainieren Sie nämlich Ihr Gehirn (dadurch, dass Sie sich lange Zahlen merken können, haben Sie übrigens Ihren IQ erhöht), fördern beide Gehirnhälften und regen Ihre Phantasie an. Sie werden feststellen, dass Sie sich nicht nur alles merken können, sondern dass sich Ihre Leistungen auch in vielen anderen Bereichen dramatisch verbessern werden.

Ich merke mir beispielsweise so gut wie jeden Tag die Reihenfolge eines durcheinander gemischten Kartenstapels auswendig. Dies tue ich, um mein Gedächtnis und mein Gehirn im Allgemeinen auf Trab zu halten. Denn Forschungen haben eindeutig gezeigt, dass die Merkfähigkeit des Gehirns im Alter NICHT abnimmt. Solange Sie nämlich diese Fertigkeit trainieren, werden Sie Ihr Leben lang von einem unglaublichen und zuverlässigen Gedächtnis profitieren können.

Diese Erkenntnis lässt sich auf viele andere Funktionen des Gehirns übertragen. Und aus diesem Grund möchte ich Sie dazu ermutigen, in der Zukunft weitere Projekte in Angriff zu nehmen: Lernen Sie Zeichnen, eine neue Sportart, Sprachen, Kopfrechnen (neben einem schlechtem Gedächtnis beklagen viele Menschen, dass sie nicht mehr so gut rechnen können wie früher – dies liegt aber nur an mangelnder Praxis), was immer Ihnen auch einfällt. Nutzen Sie Ihr Leben, und lernen Sie ständig etwas neues. Sie können auch ein Privatseminar bei mir (mehr dazu im Internet unter www.Gehirntraining.info) oder woanders buchen, um beispielsweise schneller lesen zu lernen. Oder besuchen Sie Volkshochschulkurse, gehen Sie zu Vorlesungen an einer Universität in Ihrer Nähe, usw.

Durch das, was Sie bereits hier erlernt haben, werden Sie in jedem Bereich Ihres Lebens Vorteile haben.

Geben Sie das Gelernte an Ihre Kinder weiter; Sie können sich bestimmt vorstellen, welche Vorteile ein gutes Gedächtnis in der Schule, Ausbildung oder Universität hat. Kinder müssen aber spielerisch an die Techniken heran geführt werden, damit sie die Motivation nicht verlieren.

In diesem Sinne wünsche ich Ihnen und Ihrer Familie von ganzem Herzen eine glückliche und erfolgreiche Zukunft!

Vielleicht treffen wir in einem anderen Buch oder in einem meiner Privatseminare wieder aufeinander.

Kontakt

Schauen Sie doch bei meiner Homepage vorbei:

www.Gehirntraining.info

Dort erhalten Sie Informationen zu Gedächtnistraining, Intelligenzverbesserung, Schnelllesetechniken und vielem mehr.

Außerdem werden Sie dort über meine neuen Buchveröffentlichungen informiert und erhalten nützliche Links.

Über Verbesserungsvorschläge und konstruktive Kritik würde ich mich freuen. Über meine Website können Sie mir eine E-Mail senden.

Literatur

Bell, Andi: *Memory Pack,* London 2000
Buzan, Tony: *Use Your Head,* London 1995
Buzan, Tony: *Use Your Memory,* London 1995
Gelb, Michael: *Das Leonardo-Prinzip,* München 2001
Gelb, Michael/Buzan, Tony: *Lessons from the Art of Juggling,* New York 1994
Julius, Edward: *Rapid Math Tricks and Tips,* New York 1992
Lorayne, Harry/Lucas, Jerry: *The Memory Book,* New York 1975
O'Brien, Dominic: *Learn to Remember,* London 2000
Roesch, Roberta: *Time Management for Busy People,* New York 1998

Internet:

http://www.mindtools.com/pages/article/newTIM_10.htm

Stichwortregister

Notizen

Notizen

Notizen

Notizen

Notizen

Notizen

Bewußtheit durch Bewegung

96 Seiten, kart.
€ 18,00 [D]
ISBN 3-87387-511-X

Durch die Feldenkrais-Methode die eigenen Grenzen erfahren und sie überwinden: gewohnte Bewegungen erkennen, neue Bewegungsmöglichkeiten erlernen, um frei wählen zu können. In einprägsamen Lektionen werden dem Leser Bewegungsangebote vermittelt, die zu selbständigem Lernen – der Voraussetzung für die körperliche, geistige und seelische Entwicklung eines Menschen – anregen.

Das Buch wurde 1988 zum ersten Mal veröffentlicht. Es hat mit nunmehr 11 Auflagen eine große Leserschaft erreicht und gilt mittlerweile als Klassiker, was die Einführung in die Felden-kraismethode betrifft. Die Neuauflage wird durch eine CD ergänzt, die den Leser durch einen von der Autorin geleiteten Feldenkrais-Prozeß führt.

Anna Triebel Thome unterrichtet die Feldenkraismethode seit nunmehr 20 Jahren, sowohl in freier Praxis als auch als Professorin für Bewegungsbildung an der Universität der Künste, Berlin. Im Jahre 1975 begegnete sie Dr. Moshe Feldenkrais, der sie in seinen Methoden „Bewußtheit durch Bewegung" und „Funktionale Integration" ausbildete.

www.junfermann.de
www.active-books.de

JUNFERMANN • Postfach 1840 • 33048 Paderborn
eMail: ju@junfermann.de • Tel. 0 52 51/13 44 0 • Fax 0 52 51/13 44 44